W0191369

ALEXA KRIELE
Wie Wünsche wirklich wahr werden

1. Auflage 2010
© FRANZISKUS-Verlag, Tiefenweg 2, 97640 Stockheim

Alle Rechte vorbehalten
Satz und Layout: FRANZISKUS-Verlag
Idee Umschlag: Jana Revedin
Druck: Druckerei Mack, 97638 Mellrichstadt
Printed in Germany

**Bibliografische Information
der Deutschen Nationalbibliothek**

Die Deutsche Nationalbibliothek verzeichnet diese Publi-
kation in der Deutschen Nationalbibliografie; detaillierte
bibliografische Daten sind im Internet über
http://dnb.d-nb.de abrufbar.

ISBN 978-3-86213-142-6

ALEXA KRIELE

Wie Wünsche wirklich wahr werden

FRANZISKUS

Inhaltsüberblick

EINFÜHRUNG
(von Martin Kriele)

Ob unser Leben glücklich oder unglücklich verläuft, hängt auch von der inneren Einstellung ab, mit der wir der Welt begegnen. „Positiv denken!" – diese Aufforderung findet sich in aller psychologischen Ratgeberliteratur. Zum Beispiel heißt es dort: Zuversicht verleiht Kräfte, Verzagtheit lähmt sie, oder: Die Freundlichkeit, mit der wir auf Menschen zugehen, wird erwidert werden.

In jüngerer Zeit wurde eine esoterische Literatur populär, die diesen Gedanken weit über die psychologische Alltagserfahrung hinaus ins Grundsätzliche wendet: Im Universum gelte das „Gesetz der Anziehung" (law of attraction), das sogenannte „Resonanzgesetz". Damit sich unsere Wünsche erfüllen, müßten wir es nur richtig verstehen und handhaben lernen.

Rhonda Byrne „The Secret" stellt ihrem Buch das aus der Antike überlieferte hermetische Prinzip voran: „Wie innen, so außen" und erläutert es so (deutsche Ausgabe 2007 S. 41): „Gedanken sind magnetisch und Gedanken haben eine Frequenz. Während Sie denken, werden Ihre Gedanken ins Universum ausgesandt, und sie ziehen magnetisch alle gleichen Dinge an, die die gleiche Frequenz aufweisen. Alles, was ausgesandt wurde, kehrt zum Ursprung zurück – zu Ihnen ... Ihre gegenwärtigen Gedanken erschaffen Ihr künftiges Leben. Woran Sie am häufigsten denken und worauf Sie sich besonders intensiv konzentrieren, wird zu Ihrem Leben werden. Ihre Gedanken werden Dinge."

Etwas differenzierter wird dies in den Büchern von Esther und Jerrey Hicks entfaltet. Die Anziehungskraft gehe nicht unmittelbar von den Gedanken aus, sondern von den sie begleitenden Emotionen. Es gelte, von negativen Emotionen wie Wut, Verzweiflung, Hoffnungslosigkeit zu positiven wie Zuversicht und Freude zu finden. Das gehe nicht in einem Sprung, sondern nur, indem wir uns Schritt für Schritt durch alle Zwischenstufen vorarbeiten. Je positiver unsere Emotionen, desto glücklichere Lebensumstände zögen wir an.

Das sind nur zwei Beispiele aus einer sehr umfangreichen Literatur, die das Thema in verschiedenen Varianten erörtert. Der Grundgedanke ist immer: Es liegt an uns, ob sich unsere Wünsche erfüllen oder nicht – wir „erschaffen" unser Lebensglück selbst.

Einige Freunde, die sich damit vertraut gemacht haben, stellten uns Fragen. Denn manches berührt sich mit Ausführungen über die möglichen Wirkungen von Gebeten und Fürbitten, die die Engel in Alexas Sommerseminaren 2003, 2005 und 2006 gemacht haben, veröffentlicht in Alexas Büchern: „Mit den Engeln das Leben meistern – Wie sie uns durch Krisen helfen" (2003) und „Beten mit den Engeln" (2006). Manches berührt sich auch mit Darlegungen Valentin Tombergs, des in unserer Zeit maßgeblichen Lehrers der Hermetik in seinem Hauptwerk „Die großen Arcana des Tarot", insbesondere im 7. Brief zum Thema „Wünschen" und im 12. Brief zum Thema „Anziehung".

Hier ist allerdings immer vorausgesetzt, daß unser Wünschen mit dem göttlichen Willen im Einklang steht und daß es sich im Großen und Ganzen in die Lebensabsprache einfügt, die wir bei unserer Inkarnation mit unserem Sonnenengel getroffen haben. Ein weiteres Problem ist, daß der Himmel zwar die Erfüllung unserer Wünsche zu fügen versucht, dabei aber nicht in die Freiheit anderer Menschen eingreift. Auch die Aktivitäten des Doppelgängers, der zu den „gefallenen Engeln" gehört und deren Absichten zu verwirklichen sucht, stehen der Wuncherfüllung häufig entgegen. Es gibt noch weitere Probleme: Angenommen, ein junger Mensch hat die Literatur über das Gesetz der Anziehung studiert und weiß es richtig anzuwenden. Er wünscht sich mit aller Konzentration und Intensität eine große Kariere als Künstler oder Schriftsteller oder Fußballer, aber seine Begabung ist nicht hinreichend. Die Enttäuschung ist vorgezeichnet.

Oder: Die Wünsche zweier Menschen richten sich auf denselben Gegenstand. Wird dann derjenige Erfolg haben, der die Technik des Wünschens am vollkommensten beherrscht? Kommt es z.B. bei der Entscheidung eines Rechtsstreits gar nicht auf die Rechtslage an? Hängt der Sieg in einem Wahlkampf oder in der Entscheidungsschlacht eines Krieges wirklich nicht von den politischen oder militärischen Gegebenheiten ab? Wird die von zwei Männern umworbene Frau denjenigen wählen, der diese Technik besser beherrscht?

Noch gravierender ist das Problem, das entsteht, wenn das individuelle Schicksal durch das kollektive Schicksal einer Gruppe überlagert wird. Hätten z.B. die Verfolgten des nationalsozialistischen Systems ihre Ermordung abwenden können, wenn sie „The Secret" gekannt und die Technik des Wünschens beherrscht hätten?

Wir besprachen das Thema mit dem Engel Elion, dem wir zahlreiche der von Alexa veröffentlichten Texte verdanken. Er hat die angesprochene Literatur nicht rundweg abgelehnt. Er fand sie „hübsch und in den allermeisten Fällen nicht wirklich schädlich". Er sah darin „so ein bißchen Newton auf der spirituellen Ebene", was besagt: Es gehe erstens um die Erkenntnis von Naturgesetzen, zweitens um die Technik ihrer Handhabung. Doch das sei eine grobe Vereinfachung, die ihren Ursprung in einer typisch amerikanischen Denkweise habe. Tatsächlich kommt ja die esoterische Literatur zu dem Thema ganz überwiegend aus Nordamerika.

Dort sei man schon vom politischen und ökonomischen Ansatz her gewohnt, ein System von seinen Chancen her zu bewerten.. „Solange es Winner gibt, stimmt das System". Der Looser habe es noch nicht richtig gehandhabt, er müsse lernen, es besser zu machen. Wenn alle es richtig machen, werde es nur noch Winner geben. Dieses Grundverständnis werde in dieser Literatur auf die spirituelle Ebene übertragen.

In Europa sei man gewohnt, die Wirklichkeit in ihrer ganzen Komplexität verstehen zu wollen. Das stelle höhere intellektuelle Ansprüche. Elion erklärte sich bereit, für einen Sommerkurs mit Alexa über das Thema „Wie Wünsche wirklich wahr werden" zur Verfügung zu stehen.

1. Tag Im Einklang mit dem Himmel wünschen

Elion: Ich begrüße euch herzlich zu diesem Sommerkurs über das Thema „Wünschen" und freue mich, dass so viele gekommen sind. Denn dem Himmel ist es wichtig, dass ihr klare Vorstellungen darüber gewinnt, wie Wünsche in Erfüllung gehen können und was dabei zu bedenken ist. Zur Einstimmung machen wir eine kleine

ÜBUNG

Erinnert euch mal, wie ihr euch als Kinder etwas ganz von Herzen gewünscht habt, vielleicht zu Weihnachten oder zum Geburtstag. Schließt die Augen und versenkt euch in das Gefühl, das dieses Wünschen begleitete. Verbindet dieses Gefühl mit einer Farbe, die euch ähnlich anrührt wie dieses Wünschen damals. Stellt euch vor, ihr atmet diese Farbe ein und aus. Stellt euch weiter vor, ihr befindet euch in der freien Natur zwischen Wiesen und Wäldern und Feldern, und vor euch liegt ein kleiner Teich, dessen Wasser die Farbe hat, die ihr eben ein- und ausgeatmet habt. Vielleicht mutet euch das eigentümlich an: ein orangefarbener, gelber oder lila Tümpel. Doch Lichtwasser kann jede Farbe haben. Dieses Wasser ist so einladend, so schön, so angenehm, dass ihr kurzerhand in diesen Teich hineingeht, mit den Füßen drin planscht, vielleicht auch ein paar Züge schwimmt. Stellt euch vor:

Ich schwimme im Wasser meines Wünschens, ich fühle mich wohl darin. Freut euch noch einmal an diesem Bad. Dann öffnet die Augen und seid wieder hier auf eurem Stuhl.

Ich danke euch für diese Anfangsübung. Ihr solltet sie täglich wiederholen, so daß sie euch zur Gewohnheit wird. Mit der Zeit wird sie euch sehr wichtig werden. Ihr werdet sehen, was für eine Wirkung und welchen Sinn diese Übung hat.

1. Der Grundwunsch der Schöpfung

Ihr Menschen seid Gottes Ebenbild und Gleichnis. Das legt die Frage nahe, ob Gott auch in so einem Wunschteich badet. Ist Gott einer, der wünscht? Wenn ihr wünscht, tut ihr dann etwas Göttliches? Ist das Wünschen eine vom Himmel euch mitgegebene Fähigkeit? Ist es in Gottes Sinn, dass ihr wünscht? Oder ist vielleicht das Wunschlosglücklich-sein das, was Gott sich vorstellt? Oder ist Wünschen etwas, das sich biologisch irgendwie über die Evolution entwickelt hat? Oder hätte der Doppelgänger gerne, dass ihr voller Wünsche seid? Wie schaut der Himmel auf wünschende Menschen?

Ihr geht mit Recht davon aus, dass es Gott gibt und dass er eines Tages beschloss, Schöpfer zu werden. Das haben wir ja schon öfter besprochen.[1]) Ihr geht von der Existenz der himmlischen Mutter aus, ihr wisst um den Sohn, ihr wisst um die himmlischen Heerscharen, ihr wisst um all die Heiligen, die auf euch schauen. Es gibt eure Sonnenengel, mit denen ihr euer Leben abgesprochen habt. Wie schauen sie auf euch, wenn ihr wünscht? Schütteln sie den Kopf, ziehen sie die Stirn in Sorgenfalten, freuen sich die Doppelgänger, oder freut sich Gott, wenn ihr wünscht?

Fragen wir ihn doch mal. Fragen wir ihn auch, ob er selber Wünsche hat. Ist Gott einer, der wünscht? Wenn ihr das fragt, bekommt ihr ein Lächeln zur Antwort. Wenn ihr das in Worte fassen wolltet, dann wäre es ein klares „Ja, natürlich". Denn sein ganzes Schöpferdasein begann mit einem Wunsch, nämlich mit dem Wunsch nach Gemeinschaft. Weil er die sich wünschte, schuf er sie. Er setzte Teile seiner Innenwelten aus sich heraus und umgab sich damit, und so erfüllte er sich seinen Herzenswunsch. Am Anfang aller Schöpfung, noch vor allem Handeln, stand ein Wunsch. Insofern ist der Wunsch der Vater aller Dinge.

Alles wurde ursprünglich aus einem Wunsch Gottes heraus geschaffen. Alles ist

---

1) s. vor allem: Die Engel geben Antwort auf die Fragen nach dem Sinn des Lebens, 2002

sozusagen aus einem ganz fein gesponnen Material gemacht, dem göttlichen Wunsch. Ihr wißt ja: auch die materielle Realität ist Geist. Sie ist schlussendlich aus lauter Wunsch gemacht. Alle Geschöpfe entstanden nach dem Wunsche Gottes. Der Mensch ist wie Gott ihn wünschte. Alle Kreatur, ob Tier oder Pflanze, aber auch der Berg, die Wolke, der Regentropfen, der Windhauch, der Kiesel, der Fluss, der Teich, alles um euch herum ist ein sichtbar gewordener Wunsch des Vaters. Das beantwortet euch die Frage: Ist wünschen etwas Göttliches? Ja, es ist göttlich, es gehört zur Schöpfung.

Und das bedeutet: Alles um euch herum wünscht. Nicht nur der Mensch als Ebenbild und Gleichnis Gottes wünscht. Jede einzelne Seele hat ihre Wünsche, die himmlische Mutter hat Wünsche, der Sohn hat Wünsche, alle Kreatur auch. Die Trennung vom Vater ist bei den Menschen am größten, weil sie die größte Freiheit besitzen. Die Kreatur, die weniger frei ist, ist dem Vater insofern näher als der Mensch. Jedes Tier trägt einen Wunsch im Herzen, vielleicht nicht ganz so bewusst wie ein Mensch, obwohl viele Menschen auch nicht genau wissen, was sie eigentlich wünschen. Jede Pflanze trägt einen Wunsch in sich, und auch der Vater hat weiterhin Wünsche,. Also ihr seid umgeben von lauter Wünschen.

Die Frage ist nun: Was wünscht ein Vogel, ein Regenwurm? Was wünscht der Baum vor eurem Fenster, was wünscht die Wolke, die am Himmel vorüber zieht? Alles trägt den Wunsch in sich, aus dem es der Schöpfer gemacht hat. Der Grundwunsch aller Schöpfung ist genau derselbe wie der Grundwunsch des Vaters.

Was ist nun dieser Grundwunsch des Schöpfers? Was klingt da in allem, abgesehen von dem, was individuell noch das einzelne Geschöpf wünscht und worin es sich von anderen ein wenig unterscheidet? Was war das, was der Vater wünschte, als er begann, Schöpfer zu werden? Nun, er wünschte Gemeinschaft, er wünschte ein Miteinander. Er wünschte eine Art von fröhlicher, paradiesischer Gemeinschaft um sich herum.

Was also wünschen alle Dinge der Schöpfung? Sie wünschen sich nicht nur von Gott, sondern von allen Mitgeschöpfen: Sei mit uns! Lass uns (oder mich, je nachdem) mit dir sein. Alles wünscht im Grunde, in einer heilen, guten Gemeinschaft mit allen und auch mit euch zu sein, euch nah zu sein, mit euch in einem guten Kontakt zu stehen. Überall auf dieser Erde, überall in diesem Sonnensystem, auch in allen anderen

Sonnensystemen und auf allen anderen Erden, in dieser und in allen anderen Galaxien, überall klingt der Wunsch: sei mit uns und lass uns mit dir sein.

Stellt euch einmal vor, dass Gott heute auf diese durch den Fall der Engel zerrissene, zwar nicht zum Tode kranke, aber doch verwundete Schöpfung blickt, und ihr fragtet Gott: „Wenn du es nochmals tätest, was würdest du anders machen? Würdest du die Freiheit vielleicht doch lieber weg lassen, weil sie zu riskant ist?" Dann würde er sagen: Nein, denn sie wegzulassen, widerspräche seiner eigenen Seinsweise. Gott selbst ist frei, in ihm herrscht Freiheit. Freiheit ist ein Grundprinzip der Schöpfung, auf die Gott nicht verzichten könnte, ohne sich zu sich selbst in Widerspruch zu setzen. Aber was er verbessern würde, wäre das Gespür für Gemeinschaft, Kommunikation, Verständigung, das Bewußterwerden dieses Grundwunsches Gottes und der gesamten Schöpfung.

Ihr hört dieses Lied klingen, wenn ihr mal zuhörend durch die Natur geht, durch euren Garten, zu euren Tieren, auf den Balkon zu euren Pflanzen, in euer Wohnzimmer, in den Wald, an den Bach. Ihr braucht nur die inneren Ohren zu öffnen, dann vernehmt ihr, in welcher Geschwindigkeit, in welcher Tonlage, mit welchem Rhythmus, in welcher Lautstärke, vielleicht mit welcher Dringlichkeit, oder wie leise und bescheiden murmelt, wispert, flüstert, raunt, ruft, schreit, juchzt oder vielleicht auch fleht alle Kreatur, alle Schöpfung euch zu: Sei mit uns und lass uns mit dir sein.

Und zwar nicht bei, sondern *mit* dir. Das ist ein kleiner Unterschied, aber der ist wichtig. Lass uns „bei" dir sein ist auch nett. Mancher Mensch lässt vieles bei sich sein. Aber habt ihr das, was ihr bei euch habt, auch mit euch? Ihr sagt dem andern nicht: der Friede sei bei dir, sondern er sei *mit* dir. Lasst die Dinge nicht einfach bei euch sein, die Tiere und die Menschen nicht einfach bei euch leben oder bei euch wohnen. Sondern lasst alles, was ihr um euch herum erlebt, mit euch sein. Der Vater hat nicht eine Schöpfung geschaffen, die so gelegentlich oder mehr oder weniger bei ihm ist. Er hat eine geschaffen, die mit ihm ist, und er mit ihr.

Wenn ihr nach Hause kommt, überprüft einmal eure Sachen. Ist dies und jenes Ding etwas, das mit mir sein will, und will ich mit ihm sein? Oder ärgert mich der Stuhl von der Schwiegermutter immer schon? Oder mag ich die komische Vitrine nicht mehr abstauben? Konnte ich sie noch nie leiden, steht sie da nur aus Gewohnheit? Beschwert sich ein Tisch: ich passe überhaupt nicht zu diesen Stühlen, stell mich woanders hin? Bekommt ihr ein Gehör dafür, werdet ihr euch von manchem trennen? Im Kleiderschrank wird einiges vielleicht sagen: ich mag nicht mit dir sein, ich häng bei dir nur rum. Gebt es dahin, wo es mit jemand anderem gerne sein mag. Und behaltet nur das, was wirklich mit euch ist und mit dem ihr seid.

Damit werdet ihr euch bewusst in das einstimmen, was „Wünschen" bedeutet. Es gilt, zunächst hinzuhören auf den Grundwunsch aller Schöpfung, also zunächst einmal nicht selber zu wünschen, sondern zu hören, was will diese Schöpfung, was wünscht sie sich? Was wünscht sich der Schöpfer, was klingt, seitdem er schuf, bis zu mir in mein Wohnzimmer oder in meinen Vorgarten? Wenn ihr das erst einmal gehört und auch beantwortet habt, dann erst fragt euch: Womit will *ich* eigentlich sein, und womit möchte ich nicht sein?

Dann wird euch bewußt werden, was euer eigener Grundwunsch ist, nämlich: Ich wünsche ein friedvolles, gedeihliches und auch fröhliches Miteinander. Ich möchte, dass mein Tagesbeginn von diesem Gefühl getragen wird und der Tag mit diesem Gefühl zuende geht. Dann seid ihr da, wo ihr vorhin in der Übung schon wart: Dann schwimmt ihr im Wasser des Wünschens. So wie ein Kind im Mutterleib im Fruchtwasser schwimmt, so wie ihr in jedem See schwimmen könnt, so schwimmt ihr in dem, was die Schöpfung ständig bereit hält.

Die ganze Schöpfung hält diesen See bereit, nur springen die meisten nicht hinein. Lebt ihr 80 Jahre, indem ihr immer am Ufer auf und ab lauft? Vielleicht schaut ihr neidisch und eifersüchtig auf alle, die schwimmen und fragt euch: Wieso geht das bei denen und bei mir nicht? Wieso stehe ich immer auf dem Trockenen? Wieso fließt es nicht? Wieso fühlt sich mein Leben so bröselig an? Wieso ist alles so hart und so dörr und so mühsam und so staubig und so altbacken und so leblos? Weil eben ohne Wasser nichts wirklich wächst und blüht und gedeiht. Also weil ihr einfach nicht in diesen See hinein gesprungen seid.

Wenn ihr an das Thema „Wünschen" ernsthaft herangehen möchtet, sagt euch als erstes: Ich springe hinein in das, was die Schöpfung ist, was sie bereit hält und was ich vielleicht einfach vergaß oder was ich mich vielleicht auch nicht traute, was vielleicht im Lärm des Alltags oder des Zeitgeistes untergegangen ist. Ich springe hinein in eine Schöpfung, die nur aus Wunsch besteht. Ich fange an, diesen Wunsch um mich herum wahrzunehmen als etwas völlig Natürliches wie das Wasser, das mich nun trägt in diesem Teich. Und ich fange an in diesem Teich zu schwimmen.

Wünschen ist nicht eine Ausnahme, ein Fehler, ein Vergehen, etwas Ungehöriges oder ein Luxus, so nach dem Motto: wer Zeit hat, sich mit Wünschen zu beschäftigen, der hat wohl nichts Besseres zu tun, der braucht mehr Arbeit, dem geht es zu gut. Oder: Wünschen ist nur was für Kinder, die noch an den Weihnachtsmann glauben. Oder: Wer wünscht, der vergeht sich gegen Gott.

Nein, wer anfängt zu wünschen und zwar ernsthaft, der fängt an, Gott nahe zu kommen. Der fängt an, zu entdecken, was Gott ganz am Anfang aller Schöpfung war. Er sollte euch anfangen zu begreifen: er ist nicht der einzige, der wünscht. Der Mensch neben ihm wünscht auch, der in der andern Stadt auch, der auf dem andern Kontinent auch, der, den man im Fernsehen sieht, auch. Der, der noch gar nicht geboren ist oder der die Welt schon wieder verlassen hat auch. Und nicht nur das. Alle Kreatur wünscht: die Mücke, die euch so lästig ist, hat auch nur einen Wunsch. Der ist euch unlieb, aber trotzdem hat sie den Wunsch: Lass mich mit dir sein. Das ist etwas für Fortgeschrittene, aber im Prinzip solltet ihr euch klar machen, eigentlich will sie auch nichts anderes als mit allem anderen sein. Und ebenso das Glas Wasser, das ihr in der Hand haltet, und die Luft, die ihr gerade einatmet, und der Sonnenstrahl, der euch trifft. Alles was euch begegnet, begegnet euch, weil es das wünscht, auch wenn euch das nicht bewusst wird. Das Wasser könnte sich euch auch entziehen oder nicht mehr genießbar sein. Alles könnte auch anders sein, es muss überhaupt nicht so sein.

Wenn ihr das begriffen habt, kommt ihr langsam in dieses Gefühl: Ich bin ein Wünschender unter Wünschenden. Und das geht so weit, dass sogar euer Kochtopf Wünsche hat, euer Küchentisch, das Auto, der Computer, das Handy, die Handtasche und der Müll. Alles klingt in dem selben Wunsch. Ihr seid also im Wünschen zuhause wie der Fisch im Wasser oder das ungeborene Kind im Fruchtwasser. Wenn ihr erst einmal sagen könnt: jetzt bin ich zuhause im Wünschen und unter vielen Wünschenden gut aufgehoben, und alle wünschen im Grunde genommen dasselbe, dann wäre das erste, was ihr sofort tun könnt, diesem Wunsch nachzukommen, nämlich im Frieden, heiter und fröhlich, ohne Vorbehalt, ohne Hintergedanken, ohne Doppelzüngigkeit, ohne Wenn und Aber mit dem, was euch umgibt, zu sein.

Das bedeutet, bei ganz kleinen Dingen angefangen, dass ihr dem Stuhl, auf dem ihr gerade sitzt, sagt: hallo, ich sitze eigentlich gerne auf dir. Einmal ganz kurz grüßen und sagen: Das ist nett. Einmal kurz den Fußboden grüßen, dem Teppich, dem Holz sagen: schön, du bist ein netter, tragender Boden. Ebenso könntet ihr an eure Schuhe einen Gruß richten und sagen: ich bin viel lieber mit euch als ohne euch. Ich bin heute zum ersten Mal mit euch hier (oder ich war schon letzte Mal mit euch). Ein kurzer Gruß vielleicht noch an den Menschen zu eurer Linken und an den Menschen zu eurer Rechten. Denkt einfach mal hinüber: Ich kenn dich vielleicht gar nicht, aber ich bin so gerne mit dir hier, ich freue mich, mit dir hier zu sein. Sendet vielleicht noch einen Gruß nach innen, an die Menschen, die ihr im Herzen, in der Erinnerung tragt, die sind ja auch da, und sagt: Ich danke euch, dass ich euch im Herzen tragen darf. Ich habe euch gerne mit hier.

Dann denkt bitte einmal an eure Lieblingsfeinde, eure akuten Problemfälle. Bedenkt: „Nicht Gemeinschaft" gibt es nicht, euren Feinden seid ihr nah. Auch denen, die ihr im Moment nicht seht oder nicht sprecht, werdet ihr begegnen, spätestens im Jenseits. Grüßt sie einmal kurz und sagt auch ihnen, vielleicht Zähne knirschend: Ich freu mich trotz allem, dass es euch gibt. Ich freue mich, mit euch gerade inkarniert zu sein, oder: Ich freue mich auf ein Wiedersehen in besseren Zeiten.

Dann sendet Grüße nach „oben", wo ihr den Himmel immer verortet. Wenn Gottes Wunsch war, mit seiner Schöpfung zu sein, dann ist das natürlich auch weiterhin sein Wunsch. Er ist mit euch. Er ist nicht irgendwo weit weg. Er schläft nicht, er hat nicht abgedankt. Er ist mit euch und wünscht sich, dass ihr mit ihm seid. Dasselbe gilt für die himmlische Mutter, für den Sohn, für alle Heiligen, für alle Engel. Grüßt einfach mal die, die ihr besonders mögt oder denen ihr besonders nah seid, grüßt den Sohn, grüßt die Mutter oder grüßt einen oder mehrere oder alle Engel und macht euch klar: Ich bin mit ihnen, und sie sind mit mir.

2. Umgang mit dem Doppelgänger

Wäre die Schöpfung keine verwundete, dann wäre unser Sommerkurs hier zu Ende. Dann wäre es ganz einfach so, dass ihr ab jetzt, wo immer ihr hingeht, mit innerem Lächeln oder auch äußerlich sichtbaren Schmunzeln und Lächeln wüßtet: Ihr seid mit allen, und alle sind mit mir. Aber es gab ja den Fall der Engel. Wie geht ihr mit den gefallenen Wesen um?

Mein Rat ist: Sendet noch einen ganz kurzer Gruß nach links, aber jetzt nicht dem Menschen, der links von euch sitzt. Ihr wisst, wer da auch noch ist: euer lieber Doppelgänger. Der ist auch heute da, er hält euch ja in der Realität des inkarnierten Daseins. Auch den grüßt jetzt und sagt: „Ich möchte in Frieden und in klaren Verhältnissen mit dir sein, und das heißt: in einer klaren Hierarchie. Ich bin der Chef, du bist der Mitarbeiter. Du darfst mit mir sein, das gestatte ich dir. Und ich grüße dich. Ich könnte dich entlassen, ich tu es aber nicht."

Wenn ihr mal ein solches Verhältnis zu eurem Doppelgänger etabliert habt – ich bin der Chef und du bist mein Mitarbeiter – dann werdet ihr merken, dass mancher Doppelgänger lieber mit euch ist als bei seinen „Kameraden". Denn mancher Doppelgänger, manches graue Wesen hat es ganz gerne, etwas Lichtes vorgelebt und gezeigt zu bekommen. Er empfindet, wie angenehm das ist und würde ungern weggeschickt werden. Lieber möchte er später, wenn ihr heimgeht, mit euch ins Licht gehen.

Vielleicht sagt er euch: „Schick mich bitte nicht weg. Tut mir leid, wenn ich dir manchmal auf die Nerven gehe, aber bitte, schick mich nicht weg. Lass mich mit dir sein". Wenn ihr spürt, dass euer Doppelgänger so etwas sagt, dann könntet ihr euch sehr stolz auf die Schulter klopfen. Prima gelebt bis dahin, einen guten Job habt ihr gemacht, wenn euer Doppelgänger lieber mit euch ist als mit seinesgleichen. Das bedeutet das Heimführen eines gefallenen Engels ins Licht. Und das ist eine Spielart von Auferstehung.

Frage: *Man begrüßt ja seinen Führungsengel und die anderen begleitenden Engel, wenn man aufsteht und wenn man ins Bett geht. Begrüßt man da auch den Doppelgänger, oder hält man sich normalerweise zurück?*

Begrüßt auch den Doppelgänger. Wenn ihr es noch nicht getan habt, dann tut es ab jetzt, und zwar etwa so wie ihr als Chef einer Firma einen nervigen Mitarbeiter begrüßen würdet: „Grüß Gott, nett, dass Sie da sind." Das Sie könnt ihr in ein Du umwandeln, weil die Engel das Sie nicht benutzen, auch die gefallenen Engel nicht. Also: „Nett, dass du da bist, sei brav. Nerv mich, aber nicht so sehr."

Das Thema „Wünsche und gefallene Engel" möchte ich noch ein wenig ausführen, allerdings nur kurz, weil die dunklen Hierarchien nicht so viel Kraft und Raum bekommen sollten. Es ist ja tatsächlich so, dass die Schöpfung nicht mehr so paradiesisch ist, wie Gott sie einst schuf. Das wirft die interessante Frage auf: Klingen die auch in diesem Wunsch: „lass uns mit dir sein und sei du mit uns"? Und da ist die logisch folgerichtige Antwort: ja.

Denn gefallene Engel sind ja auch Geschöpfe des Vaters und tragen damit natürlich auch diesen Grundwunsch in sich. Sie haben ja ihre Substanz nicht geändert. Sie sind nicht plötzlich aus anderem Stoff gemacht. Sie sind aus demselben Stoff gemacht, wie alle anderen Engel, die nicht stürzten. Sie wünschen denselben Wunsch, singen dasselbe Lied, nämlich, „sei mit uns und lass uns mit dir sein". Nur singen sie dieses Lied auf ihre Art und Weise: Komm mit uns, entferne dich von Gott.

Ihr könnt natürlich auch sie hören und auf sie hören. Wäre dem nicht so, hätte das Dunkel keinerlei Anziehungskraft für euch. Ist euch das klar? Das ist nämlich ein ganz wichtiger Punkt. Wieso eigentlich scheint es häufig so schwierig, das Lichte vom Dunkel zu unterscheiden? Wieso scheint es manchmal so anziehend, attraktiv und verführerisch zu sein, dem Dunkel zu folgen? Wieso ist es so aufwendig und braucht so ein genaues Hinschauen, das eine vom andern zu unterscheiden? Nun, weil beides aus dem selben Stoff gemacht ist.

Wären die gefallenen Mächte aus einem ganz anderen Stoff gemacht, wäre es ganz einfach. Was sie treiben, würde euch einfach gar nichts angehen, es würde euch nicht berühren. Ihr würdet es höchstens als „das andere" zur Kenntnis nehmen können, aber die Sprache gar nicht verstehen. Es würde nichts klingen. Ihr würdet nichts hören. Alles was aus anderem Urmaterial gemacht ist als ihr (das gibt es aber nicht), wäre weder hörbar noch kommunizierbar noch fühlbar, es wäre für euch nicht existent. Es ist, als wäre es nicht. Es ist auch nicht, aber wenn es das gäbe, wäre es, als wäre es nicht.

D.h. das Dunkel ist deswegen so nah, weil es so ähnlich ist. Der Grundwunsch klingt auch dort: Komm mit, sei mit uns, wir mit dir und du mit uns. Nur, dass das Dunkel den Wunsch nach einem Miteinander in eine andere Richtung treibt. Das Dunkel sagt: Sei mit uns, wir machen es besser als Gott.

Allerdings ist „Dunkel" ein falscher Begriff. Er klingt, als hätte die Nacht etwas Unangenehmes, Negatives, Gefallenes an sich und der lichte Tag etwas Heiliges. Aber ihr wisst, dass viel Dunkel am lichten Tag passiert und dass viel sehr Heiliges und Lichtes in der dunklen Nacht geschehen kann. Also mit dem Wort „Dunkel" sollten wir vorsichtig umgehen. Gemeint ist: Gottesferne. Es geht um Nähe zu Gott und Zugewandtheit zu Gott. Die gefallenen Engel – die sogen. „Hierarchien zur Linken" – versuchen, euch von Gott abzuwenden.

Frage: Also man kann mit dem Doppelgänger ins Gespräch kommen. Heißt das, dass man einen Dialog mit ihm führen kann?

Es kommt darauf an, welchen Dialog. Du kannst ihm bestimmte Arbeiten aufgeben, ihm z.B. erklären, dass du Angst hast und sicherer werden willst, dabei soll er dir helfen. Dann kann es sein, dass er zurück grummelt: „Nö, da hab ich keinen Bock drauf. Ich will dich nicht sicher, ich will dich unsicher." Dann sagst du: „Ich bin hier der Chef und ich will, dass ich sicherer werde. Was du willst, interessiert mich nur bedingt." Dann kann es ein kurzer Dialog werden. Aber es sollte immer der Dialog zwischen Chef und Mitarbeiter sein. Du als Chef beginnst den Dialog und du als Chef beendest ihn auch. Du kannst ihn freundlich führen, aber trotzdem bleibst du der Chef.

Also gefährlich ist es nicht?

Es wird nur gefährlich, wenn er zum Chef mutiert, über euch bestimmen möchte. Das sollte möglichst nicht zugelassen werden, oder wenn es eingetreten ist beendet werden. Es ist wichtig, dass ihr das Gespräch beginnt und auch beendet. Wenn ihr allerdings nie das Gespräch mit ihm beginnt, könnt ihr es auch nicht beenden. Wer Angst, Wut oder andere negative Gefühle im Übermaß hat, sollte nicht versuchen, sie zu verdrängen, sondern ein Gespräch mit dem Doppelgänger beginnen, aber so, dass klar ist: ich beginne und beende das Gespräch mit ihm, ich, nicht er.

Ihr guckt nach links und sagt z.B.: „Na du, auch schon wach?" Und zwar in diesem Tonfall. Damit habt ihr klar gemacht: ich rede mit ihm, nicht er mit mir, und zwar dann, wenn ich das will. Dann könnt ihr fragen: „Und, führst du irgend was im Schilde heute? Hast du sonst noch irgend was zu sagen? Also gut, dann ist Schluss, ich wünsche jedenfalls: halte mich wachsam, ich habe heute eine Bergtour vor, ich möchte klar von dir gewarnt werden, wenn es zu gefährlich wird. Ich möchte dann eine stimmige Portion Ängstlichkeit haben, aber bitte nicht zu viel davon. Ich bin inzwischen geübt, und du funktionierst so, wie ich es sage und nicht wie du das willst." Macht ihm das einfach klar. In dem Moment, wo ihr es klar macht, kann er sich in die Grenzen, die ihr vorgebt, einfügen – wie in der Kindererziehung.

Ein Doppelgänger ist auch nur ein gefallener Engel, mehr nicht. Er ist kein Mensch. Ihr seid anders positioniert als er. Er ist ein Bote, in diesem Falle sogar ein Dienstbote. Er braucht eure Grenzen. Nur dann kann er sich einfügen. Und dann kann er sich sehr konstruktiv verhalten. Das passt ihm zwar nicht, aber das werdet ihr erreichen. Und er wird durch das, was er wollte, nicht etwas Schlechtes erreichen, sondern etwas Gutes. Das wollen zwar die andern dunklen Wesen nicht, aber ihm wird es gefallen, und er wird eines Tages mit euch gehen und sagen: „Das war ein angenehmes Erlebnis. Das war schön."

Übrigens wird er auch eurem Gesang lauschen und entdecken, dass jede einzelne Zelle eueres Körpers dieses Lied singt, auch wenn ihr gerade mal den Mund haltet. Alles singt das, und das erreicht natürlich auch den Doppelgänger – und freut ihn. Er ist ja nicht schlecht bedient, wenn man ihm so was Schönes vorsingt wie: „Ich will im Frieden mit dir sein und du mit mir."

Es gibt nichts und niemanden auf der Welt, dem das missfiele. Wenn ihr das zu eurem inneren Grundwort macht, fühlt alle Schöpfung sich im Innersten angesprochen, weil es eben den Wunsch des Vaters ausdrückt. Ihr fasst in Worte die Ursubstanz, aus der alles gemacht ist. D.h. alles fühlt sich erkannt, in seinem Urwünschen erfasst. Und damit fühlt alles sich von euch angezogen, von euch gemeint, von euch respektiert. Ihr könnt auch sagen: geliebt.

Führt also ruhig das Gespräch mit dem Doppelgänger und beendet es auch. Sagt: das war's für heute, wir reden morgen wieder.

3. „Ich und der Vater sind eins"

Wie könnt ihr euch von jetzt ab wirksamer schützen gegen dieses doch so ähnlich klingende Dunkel? Ihr könnt euch innerlich panzern, wie mit einem schönen goldenen Panzer umgeben, der euch hütet, in dem ihr Schutz und Sicherheit findet. Er signalisiert den linken Hierarchien: oh, an dem beißen wir uns die Zähne aus, oh, mit dem ist nicht gut Kirschen essen. Der weiß, wo er steht und worauf es ankommt, nämlich Gott im Blick zu haben. Macht euch klar, dass es ihn über euch gibt, dass er euer Schöpfer ist, dass ihr eines Tages zu ihm gehen werdet. Denn diese Gottesnähe schützt euch vor den Hierarchien, die so ähnlich klingen, aber Gottesferne anstreben. Entscheidend ist nicht, welcher Konfession ihr angehört, in welche Kirche ihr geht, bei welchem Namen ihr Gott nennt, wenn ihr nur eine innere Nähe zu Gott aufbaut.

Für alle, die sich der Bibel nah fühlen: Immer wieder sagt Jesus dort: „Der Vater und ich sind eins". Oder „mein Vater im Himmel und ich". Oder „ich sage nur, was er sagt". Oder „ich wirke, weil er das will". Ihr seht immer wieder, wie Jesus sich auf diese Nähe zu Gott beruft. Das macht er nicht nur, weil er der Meinung ist, damit gewänne er eine Autorität, die er sonst nicht hätte. Er hat auch alleine genug Autorität, er kann genug, und er wirkt überzeugend genug, er müsste seine Autorität nicht sozusagen beim Vater leihen. Warum sagt er das?

Er sagt es, weil es so ist und weil er mit dem Aussprechen dieser Tatsache einen wirksamen Schutz aufbaut, für sich und für alle, die mit ihm sind. Das bedeutet für euch, dass auch ihr sagen dürft: „Der Vater und ich sind eins" oder „ich will, was er will". Welche Wünsche diesem Bekenntnis nicht standhalten oder im Lichte dieser Standortbestimmung fade erscheinen, sind unwichtig, überflüssig, hohl, die lasst ihr fahren.

Möchtet ihr das einmal probieren, dieses „Gott und ich" oder „der Vater und ich, wir sind eins", um mal zu spüren, was das in euch bewirkt? Setzt euch aufrecht, schließt die Augen. Zunächst sagt ihr einfach so in Gedanken für euch „ich" und dann euren Vornamen, z.B. „ich, Alexa, wir sind eins" Das bedeutet: ich bin mit mir selber eins.

Jetzt nehmt ihr eine Hand, führt sie zum Brustbein über der Thymusdrüse, etwas höher und zentraler als das Herz. Da tragt ihr vielleicht manchmal einen Schmuck, ein Kreuz, ein Medaillon. Was immer euch heilig ist, das ist dort gut aufgehoben. Da klopft ihr hin und sagt euch: „der Vater (oder Gott, oder der Schöpfer) und ich, wir sind eins".

Das bedeutet: „Sein Wunsch ist mein Wunsch. Sein Wunsch ist mir sogar Befehl." D.h. ich beginne erst zu wünschen nachdem ich Gottes Wunsch so gut wie möglich als auch meinen Wunsch erkannt habe. Ich stelle mich in die Nähe Gottes, Gott und ich wir pflegen Blickkontakt. Ich kenne seinen Herzenswunsch. Ich höre den und ich lebe ihn, ich beantworte den und ich wünsche dasselbe. Der Grundwunsch in mir ist: Möge alles in mir in Frieden und Freude sein und ich mit allem in Frieden und Freude. Dann habt ihr das richtige Wasser gefunden in dem ihr gut schwimmt und getragen werdet.

Macht euch klar, ihr braucht das nicht für eure Autorität. Ihr habt ja euren Beruf, euren Titel, euer Aus- und Einkommen, ihr habt eine Menge zu sagen, ihr habt eure Autorität ganz allein. Ihr braucht niemanden hinter euch für eine

Wirksamkeit. Und dann habt ihr eine Sicherung gegen die linken Hierarchien, die so ähnlich klingen, flüstern, raunen oder flehen, aber woanders hinführen wollen. Lasst das noch ein bisschen nachklingen. Und werft noch einen kurzen Blick zum Doppelgänger nach links und sagt: „Hast du das gesehen, ist das klar?" Vielleicht brummelt er und sagt, „o.k., o.k., ich sag ja gar nichts".

Dann macht die Augen wieder auf und seid wieder da. Ist euch ein bisschen spürbar geworden, was das in euch bewirken, was es freisetzen kann?

Dann wäre eine weitere Frage: Wie mache ich das im Alltag angesichts einer verletzten, kämpferischen, manchmal sogar bösartigen Welt? Wie mache ich das angesichts von Problemen, von Schmerz, von Kummer? Wie soll ich, was im Moment so schön klingt, in den Alltag retten? Nun, es hat ja keiner gesagt, dass es einfach ist.

Wünschen ist zwar etwas, was Kinder tun, und wenn ihr wieder werdet wie die Kinder, wird es euch leicht fallen. Aber ihr legt ja noch viel Wert darauf, erwachsen zu sein, und das heißt, ihr fragt vor allem: Was geht nicht, was geht schief, wo können wir den Finger in die Wunde legen, wo können wir wieder mal was finden, was nicht funktioniert, was läuft alles verkehrt, wo gibt es keine Hoffnung oder nur ganz wenig, wo ist sowieso alles schon zu spät, wo können wir uns beschweren, was gibt es zu jammern, wo können wir sozusagen nach oben blicken und sagen: „siehst du, es läuft eben gar nichts richtig". Ihr seid sozusagen realistisch, vernünftig, erwachsen. Es ist ein bisschen überzeichnet, aber ihr wisst, worauf ich hinaus will.

Solange ihr so lebt, wird es relativ schwierig sein. Je mehr ihr wieder Kinder werdet, nämlich das Wünschen, das Schwimmen im Teich ernster nehmt als das, was die linken Hierarchien so an euch herantragen, desto leichter wird euch das Einswerden mit dem Vater gelingen. Ich empfehle euch folgende

ÜBUNGEN:

1. Morgens, am besten wenn ihr auf der Bettkante sitzt und euch vielleicht schon wieder ärgert, weil der Wecker zu früh geklingelt hat oder ihr gerade so hübsch geträumt habt oder draußen das Wetter schlecht ist oder das Bett nicht war wie es sein sollte oder eine Mücke zu Gast war, klopft euch mit der Hand auf die Brust und sagt: „ich und der Vater sind eins".
2. Wenn ihr müde werdet, wenn ihr ungehalten oder gelangweilt seid, wenn ihr ein bisschen kränkelt, wenn ihr das Gefühl habt, euch komme die Hoffnung abhanden oder eure Laune kippt, klopft wieder mit der Hand auf die Brust: „ich und der Vater sind eins". Und so verabschie-

det euch in die Nacht. Das letzte was ihr sagt, bevor ihr die Augen schließt oder das Licht ausmacht, ist: „ich und der Vater sind eins".

Macht euch das zur Pflicht, bis es zur Gewohnheit geworden ist.

4. Im Chor wünschen

Ihr wisst jetzt, dass alle Schöpfung dasselbe Lied singt. Alles wünscht dasselbe wie der Vater. Ihr wisst aber auch und erlebt, dass viele inkarnierte Seelen das nicht mehr wissen, dass sie das Lied nicht mehr hören und den dunklen Hierarchien folgen. Darum reagiert ab jetzt adäquat, das heißt: Wenn der andere könnte, dann würde er das Lied auch hören. Er kann aber im Moment nicht. Also nicht an sich nicht, sondern *im Moment* nicht. (Das gilt für viele Menschen, manchmal aber auch für Tiere, die so viel Leid erfahren haben, so viel Demütigung, so viel Missachtung, so viel Kummer, auch durch die Fehlbehandlung und Geringschätzung ihrer Art, dass sie sich nicht mehr für ein friedliches Miteinander interessieren, sondern nur noch um sich beißen, voller Wut, voller Schmerz, voller Trauer.)

Wie geht ihr mit dem Menschen um, der das Lied im Moment nicht hören kann? Ihr wisst ja: Auch in ihm klingt dieses Lied des Vaters: Ich will in Frieden und Freude mit allem sein und alles mit mir. Es klingt auch in ihm, aber zu leise, er hört es nicht. Was macht man da? Nun, man singt lauter, inniger, intensiver.

Das bedeutet: Ich singe für den anderen mit. Ich lächle es dem andern zu. Ich blicke es ihm zu. Ich berühre ihn damit. Vielleicht geht das nicht, weil der andere es nicht zulässt oder weil eure Kraft nicht ausreicht oder ihr ins Wanken geratet und schließlich sagt: „Ich kann nicht mehr, ich mag ihn eben doch nicht. Wenn er jetzt wieder so hämisch zurückgrinst, dann aber!" Was macht ihr dann? Ihr wählt genau die Verhaltensweise, die der Vater wählt: Nichts tun, nicht negativ eingreifen, sondern abwarten.

Wenn euch das nicht gelingt, dann geht weg. Macht euch zum Grundsatz: Wo ihr im Moment nicht lieben könnt, dort geht. Nicht im Zorn – so: „dann verlasse ich dich jetzt eben, das war's" –, sondern traurig und bedauernd: Gut, später dann. Denn dass ihr geht, liegt nicht am andern, sondern an euch. Warum?

Könntet ihr noch lauter singen, noch inniger, wärt ihr noch geübter, das lichte Lied zu singen, dann müsstet ihr nicht gehen.

An dem Widerstand, der euch dort entgegentritt, an dem Bösartigen oder dem Verletzenden oder Demütigenden, jedenfalls Nicht- Lichten wird euch klar, dass ihr noch Training braucht. Dass es das Nicht-Lichte gibt, das wusstet ihr vorher schon. Nun wird euch vor allem klar, dass ihr noch nicht gut genug singen könnt, dass eure Innigkeit, euer Lächeln, euer Blick, eure innere Zuversicht, eure Nähe, eure Intensität der Beziehung zu Gott noch nicht aller Verletzung standhält. Es entsteht also nicht ein Bewusstsein über die Verletztheit der Welt, sondern über die Frage, wieviel Training ihr braucht. Kann ich gut genug singen? Trage ich Gottes Wunsch innig und lebendig genug vor? Wiederhole ich Gottes Wunsch wirklich adäquat, kann ich das schon so gut wie Gott? Oder hapert es noch ein bisschen?

Sollte es hapern, ist das nicht schlimm. Dann sagt ihr euch: o.k., also angesichts dieses griesgrämigen Gesichts, dieser Aussagen, dieser Verhaltensweise geht mir die Stimme kaputt. Dann geht dort hin, wo ihr das Lied wieder im Lichten hören könnt: in die Natur, zu einem Baum, zu einer Blume, zu einem Regenwurm, zu einem Vogel, zu einem Menschen, zu einem Stuhl, Tisch, Teppich oder Schrank, zu einem Ausblick, zu einem Sonnenstrahl, wo ihr sagen könnt: Ja, jetzt hör ich es wieder. So ist das Lied. So ist der Wunsch. Jetzt klingt es wieder. Dann singt ihr wieder mit, und im Mitsingen übt ihr euch. Und dann könnt ihr wieder zum Griesgram gehen und sagen: so, jetzt versuch ich das wieder. Und das trainiert ihr so oft, bis ihr sagt: jetzt könnten es auch zwei oder drei griesgrämige Menschen sein, die würden alle drei aufmerken, das geht, das schaff ich. Meine Stimmbänder sind gut, mein Luftvorrat ist gut. Ich kann das jetzt.

Wenn ihr das Gefühl habt, ihr fürchtet euch ein bisschen, dann bedenkt: ihr seid ja nicht allein. Dann bittet ihr den Schutzengel, den Führungsengel, den Sonnenengel, ein paar Heilige: Kommt, singt alle mit. Wir gehen jetzt zum Griesgram. Wir gehen in dieses Gespräch. Wir führen jetzt diese Auseinandersetzung. Dann bildet ihr eben einen Chor. Ein Chor ist mächtiger als eine einzelne Stimme, vor allem wenn sie ungeübt ist. Also entweder ihr schließt euch den himmlischen Chören an oder ihr nehmt euch euren privaten Chor mit.

Z.B. sagt ihr morgens: heut wird ein schwieriger Tag, ich weiß, der Chef hat schlechte Laune, die Daten sind schlecht, es ist ja schließlich Krise. Da wird mir mancher Griesgram über den Weg laufen. Außerdem habe ich ein Magengeschwür, das zwickt und zwackt. Also ich brauche Verstärkung. Dann ladet ihr euch morgens schon einen Chor ein, und ihr singt gemeinsam. Der Text ist immer derselbe: Ich wünsche in Frieden und Freude mit allem zu sein und alles mit mir.

Das klingt einfach und ist auch einfach. Je mehr ihr trainiert, desto einfacher wird es. Am Anfang ist es am schwersten. Doch fangt an, es umzusetzen. Es ist klar, dass die dunklen Hierarchien genau das nicht wollen, und dass sie euch präsentieren werden, was sie können, damit ihr möglichst wieder aufhört, z.B.: „Das ist albern, das ist kindisch, das ist doch dumm, so simpel kann es doch gar nicht sein, das sind so Allgemeinformeln, was soll das schon! Was heißt hier Friede und Freude, da gehört noch Eierkuchen dazu. Das ist etwas für kleine Kinder oder die Nicht-Intellektuellen, die halt nicht mehr vom Leben verlangen als Friede, Freude, Eierkuchen und eine Märchenwelt. Wenn ihr das probiert, kann es nur schief gehen."

Na ja, das einzige was da hilft, ist die Zeit. Ihr habt Zeit. Seid froh, dass ihr sie habt. Ihr jammert immer, dass ihr keine habt. Ihr wisst gar nicht, was es heißt, keine Zeit zu haben. In der Gegenwart Gottes gibt es keine tickenden Uhren, da gibt es keine Zeit. Insofern wird das Warten bis zur Heimkehr der Schöpfung noch unangenehmer, weil keine Zeit vergeht, wenn es keine Zeit gibt. D.h. ihr solltet nicht über Zeitknappheit jammern, sondern euch über das Gegebensein der Zeit freuen und sie nutzen, also sagen: ich probier das jetzt mal. Wie lange gebt ihr euch, um das mal Tag für Tag zu probieren? Also ein paar Tage, eine Woche, drei Monate, bis Jahresende?

Dann wäre es gut, wenn ihr nicht weniger als hundert Jahre nennt. Alles drunter ist zu kurz. Wer ein bisschen von der Kirche versteht, weiß, dass die Kirche immer in Hundertern von Jahren denkt. Was nicht hundert Jahre trägt, ist nur eine kleine Woge im großen Meer, die schnell wieder vergeht.

Also noch einmal: „Der Vater und ich, wir sind eins. Ich kenne seinen Wunsch, ich singe sein Lied und alle Schöpfung mit mir. Wer es im Moment nicht hören kann, ist zu laut, zu verletzt, zu verführt von dem ähnlich Klingenden. Da gibt es nur eins: Ich singe lauter. Ich singe so laut ich kann und mit jeder Faser meines Körpers, mit meinem Blick, mit meinem Lächeln, mit meinen Worten, mit meinem Schweigen, mit meinem Händedruck, mit meinem Weg. Ich suche mir einen Chor, und ich trainiere meine Fähigkeit zu singen, indem ich mir Orte suche, wo ich das Lied selber wieder hören kann. Ich begrüße alle Herausforderungen, die mir zeigen, wie gut oder wie mittelmäßig ich singen kann."

Also werdet Sänger oder Sängerin so wie die Cherubim und Seraphim, die immer Lobpreis singen, oder wie die Mutter, die ihr Kind in den Schlaf singt, oder wie der Liebende, der die Geliebte mit einem Ständchen überrascht, oder wie das Bauernmädchen, das auf der Wiese sitzt, die Ziegen hütet und ein Liedchen vor sich hinsummt wie alle Schöpfung.

So wie ein Sänger lernt, sich richtig zu halten, richtig zu atmen, richtig zu intonieren, die richtigen Übungen zur richtigen Zeit zu machen, bestimmte Dinge nicht zu machen, so geht das mit dem Wünschen auch. Es gibt ein paar Techniken, die dazu verhelfen können, mehr Sicherheit im Wünschen zu bekommen. Darum wird es morgen gehen.

2. Tag Wünsche für andere und für sich selbst

Elion: Wir beginnen wieder wie gestern.

> Erinnert euch mit geschlossenen Augen an eine Szene aus eurer frühen Jugend, als ihr euch mit besonderer Intensität etwas gewünscht habt, das dann vielleicht auch in Erfüllung ging. Das begleitende Gefühl verbindet sich mit einer Farbe (vielleicht einer anderen als gestern). Ihr atmet Lichtwasser in dieser Farbe ein und aus, laßt einen Teich aus Lichtwasser entstehen und schwimmt darin. Dann seid ihr ganz und gar eingehüllt in diese Farbe, als wäre es eine weitere Haut.
>
> Jetzt sitzt ihr wieder hier. Grüßt den Stuhl, eure Schuhe, eure ganze Kleidung. Grüßt den Nachbarn zur Linken und den Nachbarn zur Rechten. Erinnert euch an den Urwunsch aller Schöpfung und wünscht auch selbst Gemeinschaft in Frieden und Freude. Dann bedenkt ihr alle diejenigen Menschen, denen ihr gerne etwas Gutes wünschen würdet, Freude, Gesundheit, Frieden, einen schönen Tag. Vergesst nicht euren aktuellen „Lieblingsfeind", ringt euch durch und wünscht auch ihm Gemeinschaft in Frieden und Freude.

Nun wenden wir uns der Frage zu: Gibt es eine Technik, Wünsche wirksam zu machen? Darum soll es heute gehen.

Zunächst ist es ein Unterschied, ob ich sage: ich wünsche mir diese Gemeinschaft in Frieden und Freude und befinde mich auch darin, das erfüllt mich mit Dankbarkeit und Zufriedenheit, oder ob ich sage: ich wünsche mir diese Gemeinschaft, aber die Realität ist eine andere. In letzterem Fall ist die Frage, ob man überhaupt bis zum Wünschen vorgedrungen ist. Manch einer weiß gar nicht, was er wünscht, oder er hat aufgegeben zu wünschen, hat vielleicht nie gelernt zu wünschen. Wünschen können ist schon eine Entwicklung hin zu Gott, man ist ihm und der Schöpfung näher gekommen. Die Basis alles Wünschens ist: ich wünsche das, was Gott wünscht. Ich stimme ein in das, was die gesamte Schöpfung auch wünscht. Und ich wünsche nichts, was diesem Grundwunsch widersprechen würde.

Alles was ihr aus Gottesferne oder Unachtsamkeit oder Gleichgültigkeit wünscht – was weiß ich ob es Gott gibt oder ob er schläft – und was unter Umständen dem Gesamtwunsch der Schöpfung widerspricht, kommt den linken Hierarchien zugute. Sie benutzen diese göttliche Gabe des Wünschens für ihre Zwecke. Wenn ich wünsche, tue ich zwar etwas, das mich Gott ähnlicher macht, unter Umständen aber begebe ich mich auch in den Dienst von Mächten, die eigene Ziele, eigene Pläne haben.

Was immer ihr wünscht, sollte mit dem Grundwunsch dieser Schöpfung vereinbar sein: Frieden und Freude, und zwar in *Gemeinschaft.* Das bedeutet *erstens* alle miteinander, keiner für sich allein. Es nützt nichts, allein friedlich und freundlich zu sein.

Es bedeutet *zweitens* mit allen anderen, nicht nur mit denen, die mir besonders gut gefallen. Es geht um Gemeinschaft ohne Ansehen der Person. So wie die Sonne ohne Unterschied für alle scheint, so solltet ihr euch in diesem Grundwunsch mit der Schöpfung eins fühlen ohne Ansehen der Person. Also nicht: mit dem mag ich Gemeinschaft, mit dem andern aber nicht. Und mit diesen Pflanzen schon, aber mit den anderen nicht. Und diese Tiere mag ich, aber die anderen nicht. Wenn ihr eure Gemeinschaft beschränkt, ist das nicht im Sinne des Urwunsches Gottes. Dann liegt es an euch, das noch ein bisschen zu trainieren.

Gemeinschaft heißt *drittens:* Immer wenn ihr jemandem begegnet, der gerade nicht wünschen mag, oder sich nicht zu wünschen traut, oder es nicht gelernt hat, oder der das Leben für eine so harte Angelegenheit hält, dass für Wünschen kein Platz ist, dann wünscht für ihn mit. Ihr wünscht z.B. jemandem alles Gute zum Geburtstag, oder ihr wünscht noch einen schönen Tag, oder ihr wünscht ein gutes neues Jahr oder ein frohes Fest oder zu einem Jubiläum Glück, Gelingen, Gesundheit. Vielleicht wünscht ihr es dem anderen nur wegen der Erziehung und weil es auf der Glückwunschkarte draufsteht, vielleicht wisst ihr aber auch, was ihr da tut: Ihr unterstützt im anderen dessen Gabe, Fähigkeit, Anlage, Notwendigkeit, ja sogar Pflicht, zu wünschen.

Die Engel verkündeten die frohe Botschaft den Menschen „guten Willens", d.h. all jenen, die das Gute wollen, das Gute erbitten, das Gute wünschen. Wenn ihr das wünscht, seid ihr nicht nur dem Himmel nah, sondern auch dem anderen Menschen, ihr werdet eurer Fürsorgepflicht gerecht. Ihr wünscht dem anderen das Gute, damit es wahr werden möge, aber auch um ihm zu sagen: „Trau dich selbst, wünsch dir auch was, und wünsch auch mir was zurück, wenn ich dann Geburtstag habe. Erlebe dich als einen, der wünscht, der wünschen kann, der das auch sagt, der dazu auch steht." Ihr fangt mit dem Wünschen am besten an, indem ihr möglichst viel für andere wünscht.

Notiert euch einmal ein paar Wünsche, die euch spontan einfallen. Wenn ihr jetzt gefragt würdet: du hast nicht nur drei Wünsche frei, du hast viele Wünsche frei für andere, wem würdest du was wünschen? Fürwünschende Menschen sind dem Himmel wie ein großes Licht, das auf der Erde leuchtet. Wenn ihr euch beklagt, dass es so dunkel ist auf der Welt, dann gewöhnt euch einfach an, den Tag mit dem Für-wünschen zu beginnen. Also das Ritual am Morgen wird jetzt noch ein bisschen ausgedehnt.

Das erste war – ihr erinnert euch –: Ihr berührt die Brust, da wo die Thymusdrüse ist, ihr sagt: „Ich und der Vater sind eins." Übrigens, habt ihr das heute morgen mal probiert? Und ist das etwas, das ihr gerne weiterführen möchtet? Ich rate euch dazu, weil ihr euch damit auf Dauer kräftigt. Damit ärgert ihr natürlich den Doppelgänger, der bisher meinte: mein Mensch und ich, wir sind eins. Das seid ihr ja auch in gewisser Weise. Aber sagt ihm ruhig, wo er in der Prioritätenliste eingeordnet ist. Also das erste ist: mein Vater und ich, wir sind eins.

Dann wendet euch nach links und sagt: „Und du kannst auch mitarbeiten, wenn du magst." Das ist eine der simpelsten Methoden, euch von einer Übergriffigkeit des Doppelgängers zu befreien. Allerdings kann es sein, dass er am Anfang etwas übellaunig reagiert. Das überseht ihr einfach. Und jetzt wird das Ritual noch ein bisschen erweitert. Also *erstens*: Der Vater und ich, wir sind eins. *Zweitens:* Und du bist der Angestellte. *Drittens:* Ihr grüßt den Schutzengel, grüßt den Führungsengel, den Sonnenengel.

Und dann fangt ihr *viertens* an mit dem Für-wünschen. Liebe Oma, ich wünsche dir das und das. Wünscht etwas, von dem ihr wisst: das wird dort ersehnt. (Wenn euch nichts anderes einfällt, wünscht einfach einen schönen Tag.) Bedenkt verschiedene Menschen, dann bitte immer die Tiere, vor allem solche in Bedrängnis. Bedenkt auch Tiere, die ihr nicht mögt: Ich wünsche den Spinnen, dass sie ein schönes Plätzchen finden, um dort ihre Netze zu spinnen. Oder ich wünsche den Mücken, dass sie gut durch diesen Tag kommen und gut durch die nächste Nacht. Überwindet euch dazu, indem ihr es tut. Denkt nicht lange darüber nach, tut es einfach. Dann kommen die Pflanzen dran. Grüßt eine Pflanze auf dem Balkon oder eine im Garten oder den Baum im Park oder den Wald. Wünscht einfach mal was. Wünscht eurem Stuhl etwas oder der Tür.

Bedenkt sogar das, was ihr eigentlich für eine seelenlose Gegebenheit haltet: den Tag. Ein Tag ist nicht einfach ein Datum, ein Tag ist ein Wesen, hat eine Textur, hat sozusagen ein Herz, das pulsiert. Wünscht dem Tag z.B., dass die Menschen das Beste aus ihm machen. Wünscht einer Stunde etwas.

Das könnt ihr übrigens gut machen während des Zähneputzens im Bad. Das ist eine langweilige Zeit, das sollte zwar sein, aber derweil könnt ihr einfach wünschen. Damit habt ihr genug Zeit für so ein Grundprogramm des Für-wünschens gleich am Morgen, so dass es zur Gewohnheit wird.

Warum ist dieses Für-wünschen so wichtig? Damit ihr sicher und mit guter Technik wünschen lernt und das Wünschen pflegt, als eine Freude, aber auch eine Arbeit. Das Für-wünschen ist sogar eine Pflicht des Menschen, der in Gottes Nähe sein und ein Stück Himmel auf die Erde bringen möchte. Mit dem Für-wünschen nehmt ihr euch selbst nicht so sehr in den Vordergrund, sondern vor allem den anderen.

Mit der Zeit werdet ihr lernen, was ihr dem anderen wünschen solltet, also z.B. nicht ein rotes Auto übermorgen, sondern: es möge das geschehen, was für ihn das Bestmögliche ist, was immer es sein mag, auch wenn *ich* das gar nicht so sehe. Ihr lasst mehr offen, wünscht nicht so eng, nicht so bestimmt, nicht so diktatorisch.

Das ist wichtig. Denn ihr werdet Gott auch insofern ähnlich, als Gott nicht aus dem

Mangel heraus wünschte, sondern aus der Fülle. Gott hat nicht angefangen, Schöpfer zu sein, weil er depressiv wurde oder sich vereinsamt fühlte oder die Stille nicht mehr ertragen konnte. Gott hat nicht Ablenkung außen rum gewünscht, weil er die innere Leere nicht ertragen konnte. Vielmehr hat Gott aus lauter Freude an dem Treiben und dem Leben seiner Innenwelt heraus gesagt: Möge doch das alles um mich herum sein, möge Gemeinschaft um mich sein. Das ist ein Wünschen, das frei lässt und das aus der Fülle heraus geschieht. Dieses Für-wünschen während des Zähneputzens soll euch in einen Zustand der inneren Fülle versetzen.

Und das wird es tun, weil ihr als Wünschende, ohne dass ihr drauf achtet und ehe ihr es euch verseht, über eine Fülle des Gebens verfügt. Warum? Weil Für-wünschen dem Schenken ähnlich ist. Gesetzt den Fall jemand hätte Geburtstag und ihr hättet kein Geld, etwas zu kaufen. Was könnt ihr tun? Ihr könntet dem andern das sagen und hinzufügen: „Aber weißt du, ich wünsche dir von ganzem Herzen alles nur erdenklich Gute." Wenn ihr sagt: „Ich wünsche dir *von Herzen* alles Gute", ist das mehr als: ich wünsch dir alles Gute. Dieses „von Herzen" ist ein weiterer Schritt, den ihr ernst nehmen solltet. Der andere wird es als ein wertvolles Geschenk betrachten. Und denkt bitte nicht zugleich: „Und *ich* kriege nichts Gutes und habe auch nicht Geburtstag", sondern freut euch einfach daran, dass der andere Geburtstag hat, ihr möchtet das zum Ausdruck bringen. Ihr tut es fast spielerisch.

Wer anfängt fürzuwünschen, fängt an zu schenken. Und wer schenkt, verfügt automatisch über die ganze Fülle des Himmels, die er verschenken kann. Möchtet ihr das kurz einmal hier üben mit dem Für–wünschen und dem Schenken? Es geht auch ohne Zähne putzen. Also dann:

ÜBUNG

Ihr beginnt ganz in der Nähe und schaut euch den Menschen zu eure Rechten an. Ihr habt jetzt natürlich kein Geschenk dabei. Aber ihr sagt: „Ich wünsche dir von ganzem Herzen alles nur erdenklich Gute." Ihr sagt es, ihr denkt es, ihr lächelt es, ihr schickt es dem andern zu. Dann dreht euch um und macht es zur andern Seite genauso: Der Mensch links neben euch wird auch bedacht: „Ich wünsch dir alles erdenklich Gute." Oder: „Ich wünsche dir, was du dir wünschst."

Damit habt ihr zwei Menschen zu einem etwas besseren Gefühl verholfen, zu einer Freude, einem angenehmen Eindruck, vielleicht zu einem wirklich schönen Tag, weil der andere weiß, einer hat mich heute angelächelt. Und wie fühlt ihr euch selbst? Merkt ihr einen kleinen Unterschied zu vorher, so ein: Ja, ich fühle mich wohl, ich kann wünschen, ich habe gewünscht?

Wenn es sich gut anfühlt, dann pflegt es. Je mehr davon, desto besser. Und die Welt liebt schenkende Menschen. Das Universum besteht aus der Urmaterie Wunsch. Und das heißt: Die Grundsubstanz der ganzen Schöpfung besteht aus Geschenk. Für–wünschen ist so etwas wie schenken. Wenn alles aus Wunsch gewoben ist, alles beseelt vom Lied des Vaters, dann ist alles allen Geschenk. Jeder schenkt jedem. Mancher hat es zwar vergessen oder verlernt. Das geht manchem Wesen in der Schöpfung ebenso. Es singt zwar das Lied, aber keiner singt mit. Oder z.B. ein Zaunpfahl singt dieses Lied und der Nachbarzaunpfahl singt mit, wie schön! Aber dann kommt ein Mensch vorbei, legt seine Hand auf diesen Zaun und sagt: „Ich wünsche dir einen schönen Tag, nicht zu sonnig, auch nicht zu feucht und in schöner Gemeinschaft mit den anderen Zaunpfählen, und ich wünsche dir den Besuch eines netten Schmetterlings." So was ist dem Zaun wahrscheinlich lange nicht passiert. Ihr könnt es euch vielleicht gar nicht vorstellen, was das für ein stolzer Zaun sein wird. Ein Mensch hat mir was gewünscht! Das ist für einen Zaun ein Jahrhundertereignis: entwickelt ein Gespür dafür.

Bedenkt also: Ihr verbreitet Gutes schon dadurch, dass ihr es wünscht. Und wenn ihr das tut, fühlt ihr euch nicht nur wohl, sonder auch mächtiger, es ist so ein bisschen Annäherung an Gott. Das Wünschen kann euch niemand verbieten, das könnt ihr überall praktizieren, es kostet euch keinen Cent. Das Wünschen geht über alle Grenzen, über alle Sprachen, es geht auch, wo ihr nicht sprechen, nicht hinlaufen, nicht hinblicken könnt. Solange ihr lebt und euer Herz schlägt könnt ihr wünschen.

2. Die Wunschliste kürzen

Wohl jeder hat auch für sich allerlei Wünsche und könnte einen langen Wunschzettel schreiben. Dann kennt ihr das: die Liste wird, wenn man mal anfängt, immer länger: „Ach, ich könnte eigentlich das noch, ja das wäre auch nicht schlecht, ich wünschte noch das und noch jenes und dieses auch noch." Dann gewöhnt euch an, alles wieder wegzustreichen, was nicht ein Herzenswunsch ist, was euch nicht wirklich wichtig ist.

Wirklich wichtig ist nur, was euch über längere Zeit wichtig ist. Da bin ich großzügig, nicht 100 Jahre, aber mindestens ein Jahr sollte ein Wunsch halten. Fangt am besten am 26. Dezember mit dem Wunschlisteschreiben an. Was ein Jahr auf dieser Liste bleibt, ist ernst zu nehmen. Was da wieder verschwindet, das lasst fahren.

Wenn ihr nun einen sogenannten ernsten Wunsch habt, dann macht euch die Mühe, mal diejenigen um euch herum anzuschauen, die das haben, darstellen, repräsentieren, ausdrücken, erreicht haben. Vielleicht habt ihr manchmal mit ein bisschen Neid auf sie geblickt: eigentlich hätte ich das auch verdient, ich wünsch mir das auch, und zwar schon mehr als ein Jahr. Schaut euch die Menschen an, die das haben, was ihr euch so sehnlich wünscht, schaut sie zweimal und dreimal an. Schaut euch genau an, was es bedeutet, das zu haben. Und fragt euch dann, ob ihr es immer noch möchtet.

Wenn ein Wunsch, den ihr für euch selbst habt, erfüllt wird, ladet ihr euch meistens auch eine Pflicht auf. Jede Wunscherfüllung verändert die Realität, und das bedeutet meistens Arbeit, Mühe, Fürsorge, Zuwachs an Verantwortung, Zuwachs an Einstehen und Zeugnis ablegen, was immer. Wer viel wünscht für sich, hat ein verantwortungsreiches und arbeitsvolles, oft mühseliges Leben vor sich. Das ist die andere Seite der Medaille. Du wünscht dir ein Schloß? Na gut – bis du es hast. Dann kommt es darauf an, ob du überzeugt sagen kannst: "Ich bin bereit, die Folgen auf mich zu nehmen. Ich wünsche es mir dennoch." Gewöhnt euch an, die Nebenwirkungen zu bedenken und euch genau anzuschauen.

Und gewöhnt euch den Neid ab, dass irgendwer was hat, was ihr nicht oder noch nicht habt und von dem ihr meint, dass es euch zustünde. Neid ist die Methode der linken Hierarchien. Die lichte Methode ist: eine Brille aufsetzen und genau hinschauen, was das aus dem macht, der das hat, und dann überlegen: wünsche ich es mir immer noch? Ansonsten wünscht lieber für den anderen, z.B.: ich wünsche ihm, dass er mit seinem Schloss glücklich wird, dass es ihm gut gelingt, das alles zu verwalten, dass er das in Gesundheit bis ins hohe Alter weiter führen kann.

Was der andere hat, ist was der andere hat. Wenn ihr es euch wünscht, überlegt euch genau, ob ihr die Folgen einkalkuliert habt, ob ihr euch wirklich davon überzeugt habt, dass das zu euch und eurem Leben genauso gehört wie zu dem anderen und dessen Leben.

Schlussendlich ist es meistens klüger, beim Für-wünschen zu bleiben, als für sich selbst zu wünschen. Aber das könnt ihr selbst entscheiden.

Frage: *Wie geht es innerhalb der Trinität zu? Wünscht sich z.B. der Sohn etwas vom Vater und der lässt es unerfüllt? Gibt es Neid, könnte z.B. der Sohn sagen: Ich möchte auch mal so ruhig dasitzen wie du und warten, bis alles heimkehrt?*

Der Gedanke liegt ja nicht so fern. Ihr dürft euch ruhig mal trauen, solche unschicklichen Fragen zu stellen, um die Trinität ein bisschen besser zu erahnen und zu ertasten Es passiert euch ja nichts.

Es gab einen zornigen, einen traurigen, einen verzweifelten Jesus, es gab auch einen wünschenden, der betete: „Möge doch der Kelch an mir vorüber gehen." Und was ist passiert? Nichts. Aber Neid in dem linkshierarchischen Sinne wie auf Erden gibt es nicht in der Trinität. Was es aber gibt, ist so etwas, was ihr vielleicht „englischen Humor" nennen würdet.

Dann würde der Sohn zum Vater z.B. sagen: „Na, du hast dir einen gemütlichen Job ausgesucht." Aber nett, mit einem Lächeln. Und der Vater lächelt zurück und sagt: „Bitte, du kannst ihn ja haben. Ich wünsch dir viel Geduld." Dann wird Christus vielleicht sagen: „Oh danke, Geduld ist doch nicht so mein Ding. Ich stoße dann doch lieber mal einen Tisch im Tempel um." In der Trinität gibt es keine ernsthaften Differenzen, weil alle freiwillig eine Einheit bilden und stets vor Augen haben, dass sie freiwillig zusammenwirken.

Auch ihr lebt ja euer Leben in seinen Grundzügen freiwillig, nämlich so, wie ihr es bei eurem Entschluß zur Inkarnation mit eurem Sonnenengel abgesprochen habt. Euer Problem ist aber, dass ihr als Menschen während des Lebens das nicht mehr erinnert, mindestens zeitweise vergesst, oft nicht wahrhaben wollt. Warum? Weil die linken Hierarchien möchten, dass ihr euch als Opfer fühlt, fremdbestimmt, gebunden, gezwungen, gedemütigt, in etwas hinein geworfen, was doch im Ernst keiner freiwillig so wollen würde. Macht euch immer wieder bewußt: Die Absprache für das Leben, das ihr lebt, habt ihr selbst getroffen. Eure Eltern und was euch im Leben widerfährt habt ihr euch selbst ausgesucht, und zwar mit guten Gründen.

Ihr mögt einwenden, vieles erkläre sich doch durch äußere Umstände, da ist z.B. der Zeitgeist, die Politik, die Gesetzeslage, die Krise, der Chef, das Wetter. Ja, gewiß, das stimmt schon. Bedenkt aber: Ihr wolltet zu dieser Zeit, bei diesen Eltern, an diesem Ort, in diesem Körper, mit dieser familiären Vorgeschichte und mit diesem Vorhaben in die Welt kommen. Ihr wusstet, dass ihr in eine verletzte Welt kommt. Ihr seid gekommen, weil ihr an ihrer Heimkehr mitarbeiten wolltet.

Die Summe der Probleme, der Nöte, Ängste und Schwierigkeiten, der Reibungen an der unerlösten verwundeten Welt bleibt sich im Großen und Ganzen, von einigen Ausnahmen abgesehen, in etwa gleich. Das ist ein Punkt, wo der kommunistische Gedanke der Gleichheit eine Realität trifft. Jede Seele ist allen anderen insofern gleich, als sie in Kenntnis der Gegebenheiten der Schöpfung inkarniert und an der Erlösungsarbeit freiwillig teilhat. Insofern seid ihr gleicher als die Kommunisten wissen. Ein Leben ohne Ecken, Kanten, Probleme, Nöte, ohne die Konfrontation mit der verwundeten Seite der Schöpfung, ohne Konfrontation mit dem Doppelgänger gibt es nicht. Es gibt das Leben des anderen, das euch vielleicht so schön erscheint. Es scheint aber auch nur so. Das Scherflein, das der andere zu tragen hat, ist vielleicht anderes geartet, aber auch vorhanden. Schon deshalb solltet ihr euch Neid, Eifersucht, Missgunst, das Schielen auf den anderen abgewöhnen.

Zunächst mal kommt es also darauf an, dass ihr eure eigenen Wünsche überprüft auf die Fragen: Ist er wichtig? Ist er mit Folgen und Nebenwirkungen immer noch wichtig, gehört er zu meinem Leben? Entspricht er oder mindestens widerspricht er nicht dem Grundwunsch aller Schöpfung? Wenn da z.B. steht: Schwiegermutter erschießen oder erschießen lassen, dann nehmt ihr das ganz schnell wieder runter. Der Himmel ist kompromisslos, was den Satz angeht, dass der Zweck die Mittel heilige. Nein, der Zweck heiligt nicht die Mittel. Es klingt manchmal ein bisschen hart, trotzdem: es gibt überhaupt keinen Zweck, der ein Mittel segnen oder gar heiligen würde, das dem Grundwunsch der Schöpfung widerspricht: lasst uns in Gemeinschaft, in Frieden und Freude miteinander sein.

Zusammenfassend also:

1. Eure Wünsche sollten Herzenswünsche sein,
2. mindestens ein Jahr auf eurer Liste stehen,
3. und zwar trotz Kenntnis der Nebenwirkungen.
4. Sie sollten mit dem Grundwunsch der Schöpfung vereinbar sein.

Dann sind sie auch für den Himmel ernst zu nehmen.

3. Das leidende innere Kind

Also ihr habt jetzt drei verschiedene Dinge kennengelernt: 1. Gestern den Urwunsch aller Schöpfung, das Lied in allen Dingen, die Basis des Wünschens überhaupt, und dass es wünschenswert ist zu wünschen. Heute 2. das Für-wünschen für andere, das euch in eine mächtige Situation der Fülle bringt, und das euch je mehr, desto leichter von der Hand geht. Und 3. die Realität einer eigenen Wunschliste und wie mit einer solchen Wunschliste umzugehen, wie sie zu reduzieren ist.

Jetzt kommt ein 4. Punkt hinzu. Ist der Wunsch *notwendig* im Sinne von: Wendet er eine Not? Und zwar nicht nur eine äußere, sondern eine innere Not? Da wird es spannend. Welcher der Wünsche auf eurem Zettel hat bis jetzt noch durchgehalten? Die Frage ist vielleicht erlaubt: Gibt es irgend etwas außer dem, womit ihr geboren seid, was ihr wirklich braucht? Na ja, ein Dach über dem Kopf, Nahrung, Kleidung, ein bisschen Wärme natürlich. Wir gehen jetzt mal davon aus, dass die vitalen Grundbedürfnisse befriedigt sind. Doch ihr wünscht natürlich mehr.

Das ist berechtigt, wirft aber die Frage auf: Welche innere Not würde die Wunscherfüllung wenden? Ist das, was ihr könnt, seid, habt, darstellt, vertretet etc., etwas, das eine innere Not gewendet hat? Anders gefragt: Warum wünscht ihr euch überhaupt etwas? Ihr wünscht euch z.B. eine Tugend oder Begabung: Gott schenke mir mehr Geduld, oder gib mir mehr Durchblick, oder schenke mir Kraft oder Mut. Warum wünscht ihr euch das?

Jetzt geht es um die innere Seite des Wünschens. Ihr habt gehört, Wünschen ist eine Grundtätigkeit Gottes, ist die Ursubstanz aller Schöpfung, ist das, was die ganze Schöpfung ständig tut, ist das Lied, das in allen Dingen schwingt, also etwas, das ihr im göttlichen Sinne tut. Doch jetzt bekommt ihr es mit einem Wünschen zu tun, das dem nur mittelbar ähnlich ist, z.B. gib mir mehr Geld nebst Folgen und Nebenwirkung. Das steht immer noch auf der Liste. Warum? Nun könnte einer sagen: das will ich spenden, ich will ein Hospiz bauen und einen Kindergarten anschließen, und dann möchte ich vielleicht noch ein Auto und lauter ehrenwerte Dinge. Ja gut! Die Frage ist, was treibt diesen Menschen an? Ihr wisst, dass Menschen, die schon 20 Paar Schuhe haben, nicht umhin können, das 21te zu kaufen. Sie wünschen sich das. Warum? Nicht weil es von außen gesehen existentiell notwendig wäre. Sondern weil es eine innere Not wenden soll.

Welche innere Gegebenheit möchten sie gewendet haben?

Schaut euch noch mal eure Wunschliste an. Wahrscheinlich leidet ihr einen Mangel, sonst würde der Wunsch da nicht stehen. Ihr leidet vielleicht im Äußeren unter Mangel an Geld oder am Auto oder am Partner oder an Arbeit oder an Rentensicherheit. Aber die Frage ist jetzt: welcher *innere* Mangel macht euch Kummer? Ihr werdet sagen: wenn dieser Mangel behoben wäre, dann hätte ich ein besseres Gefühl. So habe ich ein schlechtes Gefühl. Welches Gefühl ist da genau gemeint? Kommt euch mal ein bisschen selbst auf die Spur! Im Innern fehlt nicht das Geld, im Innern fehlt z.B. das Gefühl von Sicherheit, von Freiheit, von Autorität, von Ansehen oder dergleichen.

Eine innere Not ist z.B.: abhängig sein, klein, hilflos, unbedeutend, rumgeschubst, überflüssig, ohnmächtig wie das Mädchen mit den Schwefelhölzern, das draußen in der Kälte erfriert, weil es am Rande lebt und nicht zugelassen wird zur Gesellschaft. Innere Not leidet das kleine Kind, das arbeiten muss, weil es sonst verhungert, das kranke Kind, das blasse Kind, das schwache Kind, das ungeliebte Kind, das ausgesetzte, das allein gelassene, das, was geschimpft und geschlagen wird, das bedroht wird, das fremde Kind, das mit anderer Hautfarbe, das Kind, das sich fürchtet, das frierende Kind. Könntet ihr, wenn ihr auf euren Wunsch schaut, ein solches inneres Bild erleben und auf die Frage: Warum will ich das und jenes wirklich? antworten: Weil es eine innere Not gibt? Schließt einmal die Augen und schaut euch an: eigentlich bin ich, ist in mir dieses kleine Kind, das einen Mangel an Geborgenheit leidet.

Wir sprachen gestern über die Verbindung zwischen Wünschen und Kindsein. Heute weise ich euch wieder darauf hin, indem ich euch aufmuntern, ermutigen, liebevoll dahin blicken lassen möchte. Nicht analytisch, sondern liebevoll verstehend: Wer wünscht, ist tatsächlich ein Kind, ein göttliches Kind, das in eine inkarnierte Gegebenheit gefallen oder gehopst ist, die weh tut. Sie ist verwundet, sie ist verletzt, sie ist beschränkt, sie ist manchmal hart. Und so erwachsen ihr auch seid, und so gute Gründe ihr auch immer für eure Wünsche angeben könntet, schlussendlich bleibt innen drin immer ein Kind, das von der Wolke fiel, in die Inkarnation hinein, und das es in dieser Welt ungebührlich hart findet, obwohl es wußte, was es tut. Wenn ihr dieses Kind in euch entdeckt, dann seid ihr an dem wesentlichen Punkt angekommen, wo der Schlüssel liegt. Erstens wißt ihr, warum dieser Wunsch entstanden ist. Zweitens wißt ihr: Wenn ihr mit diesem Kind richtig umgeht, kann sich auch der äußere Wunsch erfüllen.

Bevor wir da weitergehen, zunächst nochmals die Frage: Ist es euch möglich, euren Wunsch anzuschauen und dann zu sagen, was die innere Not ist? Woran leide ich, wo weine ich, welche Art von Kind ist das in mir? Kriegt ihr das hin? Wenn nicht bei euch selbst, weil ihr zu befangen seid oder weil ihr euch ein bisschen davor fürchtet, dann bei anderen Menschen, die ihr kennt? Fällt euch nicht z.B. auf: ja, da ist immer das geprügelte kleine Mädchen, das von Schönheitsoperation zu Schönheitsoperation rennt und endlich schön sein will, damit man es in Ruhe lässt und bewundert?

4. Innere und äußere Wunscherfüllung

Ich springe hier immer hin und her zwischen außen und innen. Ist euch das aufgefallen?
Ja.
Stört euch das?
Nein.
Gut so. Das ist nämlich ein weiterer Schritt der Technik im Umgang mit dem Wünschen. Die Ursubstanz, aus der die Materie gemacht ist, ist eine ganz andere als das was ihr seht. Ihr

seht Holz oder Metall oder Glas. Doch zuinnerst ist die Urmaterie, aus der alles gemacht ist, dieselbe: alles ist Wunsch, ganz gleich wie es nach außen dann erscheint. Die Vielfalt außen ist entsprungen aus der Fülle, aber die lässt sich zurückführen auf die Einheit im Innern. Alles ist aus demselben Stoff gemacht. Übrigens am Rande: Deswegen haben alle diejenigen nicht recht, die einen Dualismus behaupten zwischen Materie und Geist. Es ist alles aus Wunsch gemacht. Auch wenn das eine sehr materiell und das andere sehr geistig daher kommt.

Das bedeutet: Wünsche, die sich nur in der Außenwelt realisieren sollen, gibt es nicht. Zur Wunscherfüllung im Äußeren gehört der Schritt nach innen: das Trösten des Mangel leidenden inneren Kindes. Die linken Hierarchien verfolgen eine witzige Methode. Sie gaukeln euch vor: Kaufen tröstet, essen tröstet, ein Auto tröstet, ein noch größeres Haus tröstet noch mehr, ein volles Konto tröstet, ein Titel tröstet auch. Sie versprechen euch: dann geht es euch gut, dann fühlt ihr euch wohl, dann werdet ihr gesund, dann werdet ihr alt und dann werdet ihr glücklich. Es wird euch immerzu Trost versprochen. Jede Werbung versucht euch ein bisschen zu streicheln. Und ihr nehmt das gerne zur Kenntnis und denkt: Ja, wenn ich nur das Haus hätte, dann wäre ich glücklich. Oder hätte ich das Geld, dann wäre ich frei. Oder wäre ich nur schöner, dann ginge alles besser.

Aber was die linken Hierarchien euch anbieten, ist Tröstung im Außen, z.B. Tröstung durch Training. Du willst mutig werden? Gut, geh Bergsteigen. Du willst fit werden? Gut, mach Nordic walking jeden Tag. Du möchtest geduldig werden? Gut, lerne mit uns Mandalas legen. Du möchtest loslassen lernen? Gut, puste sie in den Wind. Das könnt ihr auch alles machen, das ist alles wunderbar und nicht schädlich. Nur, es ändert schlussendlich nichts. Es löst das Problem vielleicht vorübergehend, aber nicht grundlegend, nicht in Wahrheit.

Nachhaltigkeit ist etwas, das der Himmel schätzt. Und ihr wollt es ja auch gerne nachhaltig haben. Ihr wollt ja nicht, dass es euch heute gut geht und morgen wieder schlecht. Ihr wollt ja, dass es euch heute gut geht, morgen auch und übermorgen möglichst noch besser. Also, wenn ihr auf die Wünsche schaut, die auf eurer Liste noch übrig geblieben sind, dann klärt bis morgen die Frage: Welches notleidende Kind oder welche, notleidenden Kinder sind da in mir beheimatet?

Und bedenkt: Zur Technik des Wünschens gehört, zwischen Außen und Innen, zwischen der Vielfalt außen und der Einheit Innen hin und her schreiten oder hin und her schauen zu können. Wer singen möchte, der lernt auch schweigen. Wer gut singen möchte, lernt sehr gut schweigen. Und wer die Welt bewegen möchte durch singen, der lernt zu nächst einmal, die Welt in sich ins Schweigen zu führen.

Was machen wir jetzt mit diesen Kindern? Ihr wisst, wie zentral für das Christentum Weihnachten ist. Und ihr wisst, dass Christus in Jesus inkarnierte als kleines Kind, und zwar weit weg von aller Sicherheit, in einer Grotte, kalt, ungeschützt, unsicher, verfolgt, bedroht wie die notleidenden, weinenden Kindern in euch, die ihr durch eure Wünsche entdecken werdet. Wünsche sind Wegweiser zu dem notleidenden Kind in euch. So könnt ihr den Bogen schließen zu Weihnachten.

Wann wünscht sich das Kind etwas? Na vor allen Dingen zu Weihnachten. Und eine vernünftige Mutter und ein gutmeinender Vater werden auch immer sagen: ach, du willst das und das? Dann wünsch dir das mal vom Christkind. Die Idee, es gäbe alles immer, ist ziemlich modern und mitnichten licht, jedenfalls nicht in diesem Zusammenhang. Natürlich gibt es im Himmel immer alle Fülle. Aber zur guten Kindererziehung gehört, dass ihr sagt: wart mal, sag das dem Christkind, lass es Weihnachten werden. Dann habt ihr verstanden, was wünschen heißt. Für-wünschen heißt schenken. Als Eltern schenkt ihr eurem Kind etwas. Ihr wünscht für euer Kind das Beste. Und das Kind, das wünscht, führt ihr an das Kind in der Krippe. Dort wird es nicht nur andächtig anbeten und ein Weihnachtslied singen, es bekommt auch den Teddybär.

Morgen geht es um die Frage: Was hat nun das Wünschen und was hat das innen entdeckte notleidende Kind mit Weihnachten zu tun? Wie könnt ihr den Wünschen den Impuls geben, dass sie sich aus dem Innen in die Vielfalt des Außen hinein sozusagen durchwursteln ans Tageslicht? Dass sie in Erfüllung gehen, ans Licht der Welt gelangen, geboren werden können?

Ist das soweit klar, dass ihr bis morgen schon ein bisschen damit umgehen könnt? Und vergesst über der Liste eurer Eigenwünsche nicht das Für-wünschen für andere. Praktiziert es einmal ausgiebig und merkt, wie gut es euch tut, wie heilsam es wirkt und wie es eure Stimmung verbessert. Und merkt vielleicht sogar, wie es in die Welt hinein wirkt, wie es z.B. die Stimmung in einem Supermarkt, in einem Stau, in einer Schlange verbessern kann. Na, dann verabschiede ich mich für heute.

3. Tag Wer kann welche Wünsche erfüllen?

Elion: Ich möchte euch einladen, den Morgen ein bißchen anders zu beginnen als gestern, euch nämlich nicht nur an einen lang gehegten Wunsch zu erinnern, sondern an die unverhoffte Erfüllung eines Wunsches. Laßt das Gefühl der Freude noch einmal in euch lebendig werden, das Gefühl: ja, es geschehen Dinge, die ich gar nicht mehr erwartet hatte. Habt ihr so etwas vor Augen? Gut, dann schließt die Augen, atmet gründlich ein und aus und zwar auch die Farbe, die zu diesem Gefühl passt und euch nun wieder einfällt, die im wahrsten Sinne des Wortes vom Himmel fällt. Während ihr in dieser Farbe atmet, geht ihr wieder über eure innere Wiese. Aber ihr geht dieses mal an dem Teich vorbei um eine Biegung herum und entdeckt einen Wasserfall in dieser Farbe, es mag ein roter sein oder ein goldener, blauer, gelber, grüner, orangener Wasserfall. Es ist warm, ihr stellt euch drunter wie unter eine Dusche und haltet die Hände unter das herab fallende Wasser. Ihr habt das Gefühl einer lachend unbeschwerten Freude, wie ein Kind, das mit diesem Wasser spielt und nicht genug davon bekommen kann. Dann verlasst ihr diesen Wasserfall wieder, behaltet ihn aber in eurem Innern und wisst: ihr habt diesen Ort der Erfrischung. Nun macht die Augen wieder auf, und seid wieder hier.

Ist euch heute morgen das Für-wünschen beim Zähneputzen gelungen? Und hat es euch Spaß gemacht? Macht euch das zur Gewohnheit. Ihr könnt für euer Ritual den

Tag über auch andere Zeiten nutzen, in denen ihr nicht viel zu denken braucht – staubsaugen, abtrocknen, irgend was einräumen, in einer Schlange warten, im Stau stehen. Das nutzt, um euer Ritual zu „arbeiten". Beginnt immer kurz mit „Ich und der Vater, wir sind eins". Dann folgt das Für-wünschen. Dann fangt an mit eurer Liste von Eigenwünschen und endet folgendermaßen.

Erinnert euch, dass tief in euch an der Wurzel eurer Wünsche das kleine Kind sitzt. Dieses Kind in euch ist nicht nur einfach ein hübscher, kleiner Bildertrick, es ist eine Realität. Jetzt kehrt noch einmal zurück zum Für-wünschen. So wie ihr euch vorher den Onkel Hans und die Frau Meier vor Augen gestellt habt, so stellt euch jetzt das frierende, weinende, hungernde oder ausgesetzte Kind vor, und wünscht für dieses Kind etwas. Dann erst seid ihr mit eurer Arbeit zu Ende. Soweit zu diesem Morgenritual, das auch ein Unter-Tags-Ritual werden kann, wenn ihr möchtet.

Bei unserer gestrigen Betrachtung eurer verschiedenen Wünsche sind wir noch nicht zu der Frage vorgedrungen:

An wen richte ich meinen Wunsch? Wer könnte ihn erfüllen?

Also ich habe Wünsche, und sie stehen auch schon ein Jahr auf der Wunschliste, ich hab auch die Nebenwirkungen bedacht, und ich weiß inzwischen auch, welchem inneren Mangel dieser Wunsch, wenn er in Erfüllung geht, abhelfen will, – an wen wird der Wunsch geschickt? Und an wen möglichst nicht? Mit wem redet ihr eigentlich, wenn ihr Wünsche äußert?

Als Kind ist das ganz einfach. Man wünscht sich etwas entweder vom Christkind oder vom Nikolaus, vom Weihnachtsmann, vom Osterhasen oder von Opa und Oma oder von Mutter und Vater, vielleicht noch von Tanten und Onkeln. Wenn man etwas größer wird, schreibt man es in sein Tagebuch. Als Erwachsene hört ihr nicht auf zu wünschen, nur wisst ihr nicht mehr so richtig, von wem ihr euch was wünschen sollt. Man könnte sich noch vom Ehemann oder der Ehefrau oder von guten Freunden was wünschen. Ihr habt aber Wünsche, die die gar nicht erfüllen können. An wen wendet ihr euch? Wer soll euch Wünsche erfüllen?

Es gibt ja die Theorie: Man bestellt das Gewünschte beim Universum.

Was immer das sein mag. Aber es klingt jedenfalls irgendwie reif. Es klingt jedenfalls besser als Osterhase.

Ist das Universum in der Lage, zu entscheiden: „Jawohl, Petra will das und das. Kriegt sie, Hans will das und das, kriegt er nicht"? Das ist hübsch mit dem Universum, verständlich und menschlich. Aber abstrakte Größen eignen sich eigentlich nicht zur Wuscherfüllung. Sie können weder Wünsche entgegen nehmen, noch können sie sie im Herzen tragen, noch in ihrem Schoße hüten, noch können sie sie irgendwie erfüllen. Ein Kind wünscht sich etwas von lebenden Wesen. Für das Kind ist der Osterhase ein lebendiges Wesen, auch das Christkind und der Weihnachtsmann und auch Opa und Oma. Es wendet sich an Menschen oder menschenähnliche Wesen, die sprechen können, die hören können, die ein Herz haben, die Mitgefühl haben, die lächeln, die gerne schenken. Wenn ein Wunsch in Erfüllung geht, ist das ja ein Geschenk. Nur lebendige Wesen können schenken.

Wenn ihr euch als Erwachsener was wünscht, bleibt euch nichts anderes übrig, als lebende Wesen anzunehmen, mit denen ihr in Kontakt kommt, in ein friedfreundliches Miteinander, in ein Gespräch. Dort könnt ihr dann eure Wünsche deponieren. Kinder wissen das. Und sie wissen auch: es ist nicht das Gleiche, ob die Oma den Kuchen backt oder die Tante, oder ob es den sich vom Bäcker wünscht. Das ist ein großer Unterschied. Auch für euch sollte klar sein:

es ist nicht dasselbe, ob der eine euch den Wunsch erfüllt oder der andere.

Wer also soll einen Wunsch erfüllen? Das kommt auf die Art des Wunsches an.

1. Menschen, Engel, Naturgeister

Angenommen, ihr wünscht euch eine Gehaltserhöhung. Ihr könnt die Engel bitten, aber sie können nicht viel tun. Aussichtsreicher wäre, ihr gingt zum Chef und hättet ein paar gute Argumente bereit, könntet z.B. sagen: weil mir das jetzt zusteht, weil ich das wert bin. Wenn ihr in diesem Punkt Zweifel habt, wäre es gut, zunächst eure Selbsteinschätzung zu überdenken. Oder ihr wünscht euch einen besseren Arbeitsplatz und schaut euch danach um: Wo auf der Welt gibt es den, wie sähe der aus, bei wem sollte ich mich bewerben, wie ist sein Name? Wenn ihr das geklärt habt, könnt ihr einen Wunsch an die Engel richten: „Ich bitte, dass ihr ein gutes Treffen mit diesem Herrn fügt, dass ihr mich begleitet, dass ich die richtigen Worten im richtigen Moment finde. Und fügt bitte, dass die Begegnung zu einem möglichst günstigen Zeitpunkt stattfindet und der auch guter Laune ist." Also ihr bittet die Engel nicht um den Arbeitsplatz, sondern um Fügung günstiger Bedingungen bei eurem Bewerbungsgespräch, soweit das in ihrer Macht liegt. Sagt ihnen auch so genau wie möglich, was sie denn fügen sollen. Und das, was ihr auf der irdischen Ebene heraus kriegen und unternehmen könnt, das tut ihr selbst.

Schaut immer zuerst, was ihr selbst tun könnt und wieweit Menschen euch helfen können. Dann schaut, ist es etwas für die Naturgeister? Ich möchte gerne, dass in meinem Garten alles grünt und blüht. Wenn ihr das die Engel bittet, werden wir es an die Naturgeister weitergeben. Es ist tatsächlich so, dass auch Naturgeister manchen Wunsch erfüllen, wenn sie euch dessen für wert halten. Naturgeister sind keine Engel. Sie erfüllen Wünsche nicht ohne Ansehen der Person. Sie erfüllen Wünsche, wenn sie jemanden mögen und der sich anständig verhält. Ihr kennt das ja aus der Geschichte mit den Heinzelmännchen von Köln, da klingt das nach. Sie erfüllen Wünsche aus Nettigkeit, aber nicht, weil sie dafür da wären, Wünsche zu erfüllen. Sie fordern von euch: Verhaltet euch entsprechend, dann sorgen auch wir für einen blühenden Garten.

Erst wenn weder ein Naturgeist noch ein Mensch auf Erden euch den Wunsch erfüllen kann, dann könnt ihr euch an den Himmel wenden.

Fügen z.B. ist etwas das Menschen kaum können. Vor allem das Timing ist eine sehr schwierige Arbeit. Da geht es um hundertstel Sekunden. Da sollen mehrere Menschen mit freiem Willen zur rechten Zeit am rechten Ort sein, auch noch in die richtige Richtung gucken und auch noch offen genug sein und nicht in Gedanken irgendwo anders. Das ist richtig schwierig. Das ist eine Haupttätigkeit von Engeln. Wenn es also um Fügung geht, dann sind Engel die richtigen Ansprechpartner.

Das ist eine Tätigkeit, die Engel über alles lieben, weil sie zur Gemeinschaft in Freude und Friede beiträgt. Deswegen fügen Engel unendlich gerne gute Begegnungen. Sagt ihnen nur, was sie fügen sollen, und zwar so konkret wie möglich. Also nicht: „ich möchte einen Mann", sondern schon ein bisschen klarer in Bezug auf das wer, was, wann und wo. Und tut auch eure eigenen Schritte. Sagt z.B.: „Ich reise jetzt da und da hin, es wäre schön, wenn ich den und den da treffen könnte." Vielleicht ist es bei aller Liebe nicht möglich. Der andere hat gerade beschlossen nach Russland zu reisen. Das lässt sich nicht mehr ändern. Da fügen wir das ein andermal.

Übrigens, wenn ihr einen Parkplatz sucht, dann sagt doch wo. Ihr könntet fragen, ja, haben die Engel nichts Besseres zu tun, als sich um Parkplätze zu kümmern? Nun, sie haben da ein großes und wunderschönes Feld der Aktion des Fügens. Damit schaffen sie Ordnung und ein friedliches und freundliches Miteinander, auch ein möglichst schnelles Abstellen des Motors für ein friedliches Miteinander mit der Natur. Deswegen kümmern sich Engel um Parkplätze. Aber es ist unmöglich, einen Parkplatz einen ganzen Tag freizuhalten. Also sagt z.B.: „Ich bin jetzt noch ungefähr 20 Minuten entfernt", dann kann er es fügen. Dann hat die Mutter mit dem Kind vielleicht die Idee, etwas früher nach Hause zu fahren und das Mittagessen zu kochen, und dann kann es gut gehen. Also fügen ist von euren Vorgaben abhängig.

2. Die himmlische Mutter

Angenommen, ihr steht vor einer schwierigen Aufgabe und sagt z.B.: „Ich wünsche mir mehr Geduld" oder „ich wünsche mir den Mut, diesen Schritt zu tun", oder „ich wünsche mir die Kraft, das und das zu ertragen und durchzustehen". Dann hat es nicht viel mit Fügung zu tun. Die Engel können euch nicht mit inneren Kräften ausstatten, Menschen und Naturgeister erst recht nicht. Wen fragt ihr dann?

Dann könnt ihr die himmlische Mutter bitten. Ihr ist es zu verdanken, dass die Schöpfung trotz aller Verletzung weiter existiert. Sie hat dem Vater nach dem Sturz der Engel die Hand auf den Arm gelegt und gesagt: „Warte ab, halt das aus, komm, hab Vertrauen in deine Schöpfung, sie kommt schon zurück." Sie sorgt ständig dafür, dass das Vertrauen des Vaters auch gerechtfertigt ist. Alle Kräfte, die es braucht, um die Schöpfung von ihren Wunden zu erlösen und wieder heimzuführen, verwaltet die himmlische Mutter.

Übrigens wie Mütter bei ihren Kindern auch. Die Mutter tröstet, die Mutter hütet, die Mutter singt in den Schlaf und weckt auch morgens wieder auf, die Mutter fordert manchmal streng: mach deine Aufgaben, mach Ordnung. Aber die Mutter ist auch nachsichtig und großzügig.

Geduld haben, Hoffnung haben, Kraft bekommen, Zuversicht bewahren: das fließt von der himmlischen Mutter in euch, vor allem, wenn ihr es von ihr erbittet. Wie macht ihr das?

ÜBUNG

Nehmt einmal eure linke Hand und schaut auf die Handfläche, macht die Augen zu, schaut weiter auf die Handfläche, und ihr seht eure leibliche oder soziale Mutter, die euch geboren oder jedenfalls großgezogen hat. Schaut aber nicht hin wie jammernde, ewig in der Pubertät befindliche, sondern wie groß gewordene Kinder, also liebevoll und nachsichtig. Sie hat sicher nicht alles richtig gemacht, ihr habt einen Menge Vorwürfe. Vielleicht weiß sie nicht mal, was sie alles falsch gemacht hat. Das spielt jetzt keine Rolle. Ihr schaut lächelnd hin und sagt: „Mutter, du bist auch nur ein Mensch. Du hast es versucht, ich danke für alles was gelungen ist und sehe ab von allem, was nicht so gelungen ist. Es ist nicht wichtig." Wenn ihr noch ein bisschen genauer hinschaut, dann seht ihr vielleicht, dass sie erleichtert ist, und sagt: „Danke Kind, dass du mich so entlastest, dass du mich freisprichst, oder dass du mir vergibst, oder dass du Gnade vor Recht ergehen lässt." Oder aber ihr habt eine gute Beziehung zu eurer Mutter, sie grüßt euch herzlich zurück und sagt: „Danke, ich freue mich auch so, dass ich dich als Kind hatte und habe."

Dann schaut ihr durch sie hindurch. Sie wirkt wie ein durchsichtiger Vorhang, wie transparentes Papier, und dahinter seht ihr die himmlische Mutter, vielleicht ganz klassisch in einem blauen Mantel. Jetzt braucht ihr nicht mehr die linke Hand, aber es ist ganz gut, sie ab und zu mal zur Hilfe zu nehmen. Tretet zur himmlischen Mutter hin und tragt ihr eure Wünsche vor.

Ihr könnt ruhig mal hadern mit der himmlischen Mutter, das verträgt sie. Ihr könnt z.B. sagen: „Die Geduld des Vaters regt mich auf. Wenn du mich gefragt hättest, ich hätte nein gesagt, von wegen warte ab, dass die Schöpfung heimkehrt. Das wird ja immer schlimmer. Das sehe ich doch täglich in den Nachrichten." Doch dann kommt immer der wichtige Satz: „Aber davon sehe ich jetzt ab." Ihr bringt vor, was euch mangelt, was ihr gerade braucht an Kraft.

Bittet sie, genau das zu tun, was sie mit dem Vater getan hat: euch zu berühren. Vielleicht gibt sie euch die Hand, vielleicht legt sie die Hand auf die Schulter oder den Arm oder den Kopf. Vielleicht tröstet und streichelt sie euch wie ein kleines Kind, das hingefallen ist und weint. Ihr blickt sie an unter Tränen, und sie sagt: „Komm, Schluss, es wird wieder gut." Damit hat sie für euch die Quelle erschlossen, von der aus eure Wünsche erfüllt werden und euch innere Kräfte zuströmen können.

Die Schöpfung habt ihr dem Vater zu verdanken, ihren Bestand aber der Mutter. Naturvölker verehren sie deshalb als „Mutter Natur". Es ist sehr archaisch gedacht, das Horn vom Nashorn oder die Zehe vom Elefanten zu verzehren, damit die Kraft dieser Tiere in euch übergeht, oder sich mit den Federn der Eule zu schmücken, damit man so weise wird wie die Eule. Das ist rührend, weil es am Vertrauen auf die Mutter Natur geschieht. Die Mutter Natur zu bitten, heißt die himmlische Mutter zu bitten. Ihr macht jetzt etwas, das ähnlich ist, aber auf einer Ebene, die den Nashörnern nicht schadet, die überall möglich ist und keine äußeren Mittel braucht: Ihr bittet die himmlische Mutter direkt.

Der Weg zur himmlischen Mutter führt über die irdische Mutter. Es ist keine Spielerei gewesen, dass ich euch über die linke Handinnenfläche da hin geführt habe. Mit der irdischen Mutter zerstritten sein, ist ein größeres Drama als mancher meint. Es hindert den Zugang zur himmlischen Mutter und hat damit Folgen für eure innere Kraft. Ihr habt eure Mutter selbst ausgesucht, und zwar freiwillig. Nun seid ihr ihr entwachsen und für euer Leben selbst verantwortlich. Wenn ihr wünschen lernen wollt, wird es höchste Zeit, euch mit der irdischen Mutter in Einklang zu bringen. Und das geht nur, wenn ihr ihr von Herzen kommend sagen könnt: „Ich danke dir für alles, was du Gutes getan hast. Z.B. konnte ich bei dir inkarnieren. Und ich sehe ab von allem was nicht so gelungen ist."

Wie eure Kindheit war, ist zwar wichtig, aber nicht allein bestimmend. Eure Seele hat schon so viele Kindheiten erlebt, ihr könnt euch nicht über diese Kindheit definieren. Sie trägt euch. Nur wenn ihr schafft, mit der irdischen Mutter in Frieden und Freude in Gemeinschaft zu sein, kommt ihr weiter zur himmlischen Mutter und könnt Hilfe von ihr annehmen. Nicht, dass die himmlische Mutter sagen würde: du hast Ärger mit deiner Mutter, dich möchte ich nicht sehen. So ist es nicht. Das Problem ist auf eurer Seite, ihr könnt ihre Hilfe gar nicht annehmen, solange ihr nicht ein friedlich-freundliches Verhältnis zur irdischen Mutter und damit zur Mutter an sich habt.

Viele Menschen klagen über innere Kraftlosigkeit. Mutlosigkeit, Hoffnungslosigkeit. Resignationserkrankungen nehmen zu, weil Menschen wie ein lahmer Vogel die Flügel hängen lassen und sagen: „Ich mag nicht mehr, ich kann nicht mehr, es geht nicht mehr." Ja sogar schon Jugendliche sagen: „Es gibt ja eh keine Zukunft, es ist ja sowieso alles egal, es wird alles nichts." Was steckt eigentlich dahinter? Dahinter steckt ein nicht stimmiges Verhältnis zur himmlischen Mutter, weil das Verhältnis zur *irdischen* Mutter nicht stimmig ist.

Kommt nur nicht mit: „also wenn ich mich mit meiner Mutter vertragen soll, dann müsste die erst einmal anrufen und sich entschuldigen". Es tut immer der Stärkere den ersten Schritt. Und da ihr jetzt hier sitzt, seid ihr im Zweifelsfalle die Stärkeren. Also: Wer Kraftlosigkeit empfindet und sich innere Kräfte wünscht, sollte den Weg frei machen zur himmlischen Mutter und ihr seine Wünsche vortragen. Von ihr wird er sie erfüllt bekommen.

3. Der himmlische Vater

Mitunter braucht ihr eine Idee. Ihr kaut immer auf einem Knoten herum, wollt ein Problem lösen, etwas entdecken oder erforschen, aber ihr wißt nicht wie. Ihr kommt nicht auf den zündenden Funken. Ihr bittet andere Menschen um Rat oder Hilfe, aber denen fällt auch nichts ein. Oder ihr habt eine schwierige Begegnung vor euch und wißt nicht, wie ihr mit dem anderen umgehen sollt. Das Fehlen einer Idee kann euch unter Umständen in Streß, sogar in Verzweiflung versetzen. An wen wendet ihr euch dann?

Dann wendet euch an den Vater im Himmel. Er sprach: „Es werde" – und es ward. Er hatte die Grundidee der Schöpfung, ihm verdankt ihr euer Dasein und Sosein. Warum soll er nicht eine Idee haben für euern speziellen Fall? Dazu ist notwendig, dass ihr euch klar macht: Gott schläft nicht, er ist nicht gestorben, er ist auch nicht Unendlichkeiten weit weg, und sich ihm zu nähern, ist keine Blasphemie. Ihr dürft euch auch ein inneres Bild von ihm machen, eine Vorstellung von ihm haben. Ihr wisst ja, dass es unter den verschiedenen Menschen die verschiedensten Gottesbilder gibt. Manche sehen Gott als den strengen Richter, der mit Zornesfalten auf der Stirn Gehorsam verlangt und grausame Strafen verhängt. Ihr seht in ihm den liebenden Vater. Schließt sich das aus? Nein, der Vater ist sehr facettenreich. Ihr seht einen Aspekt des Vaters, und der Nebenmann sieht einen anderen Aspekt.

Also ihr habt ein Bild des himmlischen Vaters, und das ist nicht nur legitim, es ist sogar notwendig. Ihr seid seine Kinder, er hat gewollt, dass ihr ihn Vater nennt. Er wollte, dass ihr zu ihm kommt und sagt: „Ich bin Deine Tochter, ich bin Dein Sohn." Und er lächelt euch zu: „Ja, und ich bin dein Vater." Er möchte diese persönliche Beziehung, er wünscht sie sich. Ihr solltet sie für euch nutzen. Ihr seid Teil dieser Familie, nur sozusagen auf Außenposten, auf einer verletzten Erde. Dem Vater liegt es sehr am Herzen, ob es euch gelingt, durch euer Leben einen kleinen Teil der Schöpfung zur Heimkehr zu bewegen. Wenn ihr ein Problem habt, dann wird er zuhören.

Die Frage ist nur: Wie kommt ihr zu dem himmlischen Vater? Ganz ähnlich, wie zur himmlischen Mutter, nur nehmt ihr dieses Mal die rechte Hand.

ÜBUNG

Schaut auf die Handinnenfläche der rechten Hand. Dann schließt die Augen und seht dort euren leiblichen Vater oder euren sozialen Vater, also den, den ihr in eurem Leben Vater oder Papa oder Väterchen nennt. Entweder es ist eine freudige Begegnung, und ihr sagt: „Wie schön, dass ich dich da sehe", und er freut sich zurück und sagt: „Wie nett, dass du mich besuchst." Oder aber ihr steht distanziert da: „Also in den Arm nehmen kommt nicht in Frage. Außerdem hätte ich ihm eine Menge Dinge zu sagen. Aber er wird mir wie immer nicht zuhören und wenn, wird er alles bestreiten. Ich kann seine Art zu leben nicht vertragen, und was er aus mir machen wollte schon gar nicht" usw. Doch ihr solltet, ähnlich wie bei der irdischen Mutter, sagen: „Es war nicht immer lustig mit dir. Manchmal hab ich mich gefragt, warum ich dich als Vater ausgesucht habe, ich weiß auch nicht, ob ich das nochmals tue. Aber du bist auch nur ein Mensch und du hast es irgendwie versucht. Ich danke dir jedenfalls für alles, was du Gutes getan oder mindestens versucht oder gewollt hast. Und ich sehe ab von dem, was schief ging." Dann freut er sich, atmet auf, kann sich entspannen, weil ihr ihn entlastet. Von nun an könnt ihr in Frieden und Freude in Gemeinschaft mit eurem irdischen Vater sein.

Dann wird er durchsichtig, sozusagen transparent, und gibt euch lächelnd den Weg frei zum himmlischen Vater. Und dann könnt ihr dem himmlischen Vater sagen: „Vater, ich komm nicht weiter, ich brauch jetzt eine Idee, eine Einsicht, eine Klarheit." Er wird lächeln, euch vielleicht zunicken, euch dann weg-winken und euch das Gefühl mit auf den Weg geben: Der Vater wird dafür sorgen, dass ich meine Inspiration bekomme.

Dann sind wieder die Engel am Werk und fügen, dass euch eine Idee kommt, dass euch „einfällt", wie ihr euer Problem lösen könnt. Manchmal geschieht das durch die sogenannten Zufälle: Irgendwo liegt ein aufgeschlagenes Buch, ihr zappt im Fernsehen herum oder hört ein Gespräch mit, irgendwo lest ihr in einer Zeitschrift zwei Zeilen, hört ein Lied. Es kann euch unter der Dusche begegnen, in der Natur, im Radio, im Fernsehen. Oder ihr wacht morgens auf und wisst: jetzt hab ich's. Engel fügen, dass euch die Inspiration erreicht, die der Vater euch mitgeben wollte. Dann wäre es nett, nach oben zu grüßen und zu sagen: „Danke Vater, es ist angekommen."

Wenn ihr um euch herum den Eindruck habt, die Leute werden immer einfallsloser, immer gedankenloser, immer unorgineller, auch mir fällt nichts mehr ein, es ist ein grauer Trott, immer dasselbe, irgendwie bin ich wie vernagelt, dann klärt also zunächst die Verbindung zum *irdischen* Vater: Das Gute ist wichtig. Das Nicht-Gute zählt nicht, auch wenn es häufiger war. Mindestens eins hat der Vater ja gut gemacht, er hat geschafft, dass ihr inkarnieren und aufwachsen konntet. Damit öffnet ihr euch den Zugang zum *himmlischen* Vater.

Übrigens gilt generell: Das Gute zählt grundsätzlich immer mehr als das Schlechte. Es gilt – ganz nebenbei – auch für alle Erziehung, eure Selbsterziehung, euren Umgang mit anderen Menschen.

Habt ihr dazu noch Fragen?

Frage: *Brauchen wir jedesmal die Zeremonie mit der Hand, wenn wir uns an Gott oder die himmlische Mutter wenden wollen?*

Nein, natürlich nicht. Ihr braucht sie nur, wenn euer Verhältnis zum irdischen Vater oder zur irdischen Mutter gestört ist, weil das den Zugang zu Gott oder zur himmlischen Mutter blockiert. Es geht darum, dass das ausgeräumt wird.

Aber ihr werdet das Bedürfnis haben, ab und zu zu sagen: ich möchte mal wieder meinem Papa oder meiner Mama hallo sagen. Vielleicht sind sie ja schon verstorben, vielleicht wohnen sie weit weg. Vergewissert euch einer friedlich-freundlichen Gemeinschaft mit den irdischen Eltern. Dann könnt ihr auch sagen: „Ich brauche eine Idee oder ein bisschen Kraft, lasst mich mal durch euch hindurchgehen zu den himmlischen Eltern." Es kann eine wunderbare Kommunikation mit eurer irdischen Mutter und eurem irdischen Vater sein, wenn ihr die beiden wie Türen benutzt. Das ist etwas Wunderschönes, weil ihr damit euer Geborensein noch einmal neu erlebt. Ihr seid vom Himmel durch eure Eltern hindurch zur Welt gekommen, ihr geht durch eure Eltern hindurch zu den himmlischen Eltern.

Frage: *Wieso zählt das seltene Gute mehr als das häufige Schlechte?*

Also, ganz schnell zu Qualität und Quantität. Ihr kennt das: Das Gute meißle in Stein, das Schlechte schreibe in den Sand. Das solltet ihr ganz praktisch so machen: Sucht euch eine große Steinplatte und legt sie in einen Sandkasten. Dann fragt einander: Was haltet ihr z.B. von Fritz? Das Gute wird mit einem Farbstift auf den Stein geschrieben oder, wenn ihr länger Zeit habt, reingemeißelt, und das Schlechte wird in den Sand geschrieben. Tut dasselbe mit euch selbst, mit euren Eltern mit eurem Leben, mit eurem Schicksal. Das Gute steht dann da für die nächsten hundert Jahre mindestens. Das Schlechte ist beim nächsten Regen schon weg. Diese Haltung macht euch zur Gewohnheit: Was euch Gutes widerfährt, schreibt auf Stein, was euch Schlechtes widerfährt, in den Sand.

Warum? Die linken Hierarchien haben folgende Methode. Sie verwischen die Kategorien Qualität und Quantität. So wird ganz schleichend das viele Schlechte bestimmender als das wenige Gute. Je mehr von dem Schlechten sichtbar und euch bewusst wird, desto mehr bekommt ihr das Gefühl, dass das die bestimmende Größe sei, und desto weniger achtet ihr noch auf das Gute, und am Schluss dreht ihr es rum: Das Schlechte meisselt ihr in Stein und das Gute schreibt ihr in den Sand oder ihr schreibt es gar nicht erst auf. Es fällt gar nicht mehr ins Gewicht. Das bisschen Gute spielt keine Rolle mehr. Vorsicht! Mit dieser Methode machen euch die linken Hierarchien das Leben ziemlich ungenießbar. Wenn ihr mitmacht, erschafft ihr euch eigentlich das, was ihr eine Hölle auf Erden nennen könntet: eine Welt, die von morgens bis abends dominiert wird vom Negativen, vom Schlechten, vom Misslungenen, vom Schiefgegangenen, von Unfrieden und Unfreude.

Manche Menschen bringen es fertig, jede Art von Wetter für schlecht zu erklären. Scheint die Sonne, ist es zu sonnig, regnet es, ist es zu naß, ist es bewölkt: na heute weiß das Wetter auch nicht was es will. Ist es Nacht, ist es zu dunkel, ist es Tag, ist es zu hell, ist es Winter, ist es sowieso zu winterlich, ist es Sommer, ist es zu heiß. Das greift dann um sich. Es freut nur die Hierarchien zur Linken. Und ihr entfernt euch natürlich von der Möglichkeit, dass Wünsche in irgend einer Weise in Erfüllung gehen könnten. -

4. Christus

Wir erörtern heute die Frage, an wen ihr eure Wünsche richten solltet: an Menschen, an Naturgeiser, an die Engel, an die himmlische Mutter oder an den himmlischen Vater? Da bleibt noch die Frage: Wann bittet ihr den himmlischen Sohn?

Was Christus auszeichnet ist ja, dass er inkarnierte, dass er auf die Welt kam, dass er sich euren Bruder nennt, dass ihr ein geschwisterliches Verhältnis zu ihm haben könnt. Wenn ein Geschwisterverhältnis gut ist, dann ist das etwas Wunderbares. Man kennt sich von klein auf. Man kennt alle Macken und Marotten. Man kennt alle Wege und auch Umwege, man hat eine Menge miteinander erlebt, angestellt, durchgemacht. Man hat auch eine Menge geheim gehalten, seine Streiche geplant und ausgeführt. Es ist eine Menge gelungen. Man hat sich vielleicht auch manchmal um den andern gesorgt, man ist auseinander gegangen und wieder zusammen. Ein stimmiges Geschwisterverhältnis ist mit nichts anderem vergleichbar, weil es so locker ist und so auf gleicher Augenhöhe.

Christus, der als Jesus inkarnierte, hat auf der Erde mitten unter den andern Menschen gelebt, alles das greifbar, sichtbar, handfest miterlebt. Doch er, der Gottessohn, hat euch zugleich etwas in idealer Weise vorgelebt, nämlich dieses: Ich möchte Spuren hinterlassen, ich möchte wirksam sein, ich möchte dass man sieht, dass ich etwas tue, dass es mich gibt. Ich möchte möglichst licht wirken.

In diese Richtung geht ja auch so mancher Wunsch. Ich bin Arzt, ja aber ich möchte ein guter Arzt sein, einer der richtig und heilsam arbeitet. Oder ich bin Anwalt, aber ich möchte ein guter Anwalt sein, nicht einer, der Flecken auf der Weste hat. Oder ich bin Lehrer und ich möchte das gut machen, etwas Lichtes bewirken.

Es gibt manchmal Seelen, die wollen möglichst spurlos inkarnieren: „Bloß nicht auffallen, am besten sieht mich keiner, ich bin nur mal kurz da, bin schnell wieder weg." Es kann aber auch anders sein. Ihr inkarniert und sagt: „Also wenn ich schon da bin, dann möchte ich hier auch irgendwas hinstellen. Dann soll man das sehen. Dann möchte ich Spuren hinterlassen und eine

Nachfolge finden. Und man soll wissen, dass ich gelebt habe." Wie macht ihr das? Wer erfüllt euch den Wunsch nach Wirksamkeit? Welches ist die Kraft, die ihr braucht?

Ihr könnt schön sein oder ihr könnt so viel wissen wie drei Bibliotheken fassen, das heißt noch lange nicht, dass euch einer nachfolgt. Ihr könnt so viel arbeiten wie ihr wollt und trotzdem das Gefühl haben: niemand nimmt es zur Kenntnis. Es ist etwas Spezielles um dieses Wirksamsein, dieses Anziehendsein, dieses Charisma. Wem das gegeben ist, der bewirkt schon etwas mit einem Wort, mit einer Handlung, mit einer Geste, mit einem Schweigen, mit einem Blick, mit einem bestimmten Können, mit einer bestimmten Technik, und er bewirkt damit etwas Lichtes. Es ist ein Geheimnis: diese Kraft des Sichtbarseins und Wirksamseins oder auch des unsichtbar Wirksamseins. Der Eremit kann in einen Wald gehen und von dort aus die Welt in der Hand halten.

Auch so etwas könnt ihr wünschen. Ihr könnt auch irdischerseits manches dafür tun. Aber ihr solltet an der richtigen Stelle wünschen, und das ist euer Bruder Christus.

Nehmt wieder einen ähnlichen Weg wie vorher. Solltet ihr eigene Geschwister haben, wäre es gut, jetzt eure Beziehung zu heilen. Wenn ihr keine eigenen Geschwister habt, dann stellt euch bitte mal einen oder zwei Menschen vor, die in etwa in eurem Alter sind, die ihr kennt und die eure Geschwister sein könnten. Frieden und Freude in Gemeinschaft könnt ihr von den andern zwar nicht erzwingen. Aber ihr könnt etwas dafür tun, dass die Beziehung zu den Geschwistern für euch, bei euch, in euch heil wird. Dann könnt ihr davon ausgehen, dass eine Anziehungskraft entsteht, die das Verhältnis zu den Geschwistern heilen kann.

ÜBUNG

> Faltet die Hände oder legt die linke und die rechte Handinnenfläche aneinander. So berühren sich Vater und Mutter und damit auch der himmlische Vater und die himmlische Mutter. Begebt euch in diesen Ring: da sind Vater und Mutter, und da bin ich, das Kind. Ihr bringt euch in die Position, in der auch Christus gegenüber der Mutter und dem Vater steht. Wenn ihr also die Hände faltet oder aneinanderlegt, heißt das: ich bin ein Geschwister Christi.
> Also denkt jetzt mal an eure Geschwister, bedenkt eure Beziehung zu ihnen, laßt alle Streitigkeiten fahren, klopft ihnen in Gedanken lächelnd auf die Schulter, nickt ihnen zu und sagt: „Unser Verhältnis war nicht immer rosig, aber wir haben es doch eigentlich auch ganz gut gemacht, jedenfalls streckenweise. Es ist schon in Ordnung." Dann könnt ihr durch dieses versöhnte, friedlich-freundliche Verhältnis hindurch den Christus Jesus sehen.

Stellt ihn euch ganz schlicht, einfach, bescheiden vor als Bruder und Meister zugleich. Nun könnt ihr ihm z.B. sagen: „Ich weiß nicht, was ich tun soll, auf mich hört keiner. Ich hätte so viel zu sagen, aber mich fragt man nicht." Dann kann es sein, dass er euch etwas empfiehlt: „Versuch es doch mal damit", oder dass er sagt: „Weißt du was, in der nächsten Stunde vor der Klasse steh ich einfach hinter dir. Wundere dich nicht, wenn du lauter Sachen sagst, von denen du gar nicht weißt, warum du sie sagst. Ich sag das dann durch dich." Es kann auch sein, dass er sagt: „Da solltest du nicht so schnell so viel wollen." Doch am häufigsten wird er sagen: „Ich komm einfach mit. Ich stehe hinter dir." Ihr könnt ihn ja auch genau das bitten. Jesus Christus ist immer zur Stelle, steht immer hinter euch, wenn ihr das wünscht.

Ihr könnt auch Moslem oder Buddhist sein und Christus steht hinter euch. Bittet ihr bewusst um diese Gemeinschaft, dann habt ihr sie in jedem Fall. Und wenn ihr das tut, dann habt ihr ein Charisma, das ihr mit noch so viel Studium und Titeln und Reichtum nie bekommen werdet. Eure Wirksamkeit hängt tatsächlich davon ab, ob ihr mit Christus unterwegs seid oder ohne ihn. -

Zum Abschluß bitte ich euch, drei Wünsche zusätzlich auf eure Liste zu tun und hinzuzufügen, von wem ihr das wünscht, also: *Erstens*: Ich wünsche mir innere Kraft, Humor, Geduld, Ausdauer oder etwas dergleichen – und zwar von der himmlischen Mutter.

Zweitens: Ich wünsche mir eine zündende Idee in der und der Sache (z.B. als Unternehmer, als Schriftsteller, als Forscher) – und zwar vom himmlischen Vater, vermittelt durch die Engel in einer Inspiration.

Drittens: Ich wünsche mir Wirksamkeit, Charisma, Ausstrahlung, Überzeugungskraft, und zwar vom himmlischen Bruder, von Christus.

Dann bitte ich euch noch, die Liste mit den Kandidaten eures Für-Wünschens zu ergänzen, damit ihr niemanden vergesst, nicht nur auf die spontane Erinnerung angewiesen bleibt. Wann immer euch noch einer einfällt, schreibt ihn auf die Liste. Und die steckt ihr am besten an den Spiegel im Badezimmer, da wo ihr Zähne putzt. Und unten auf der Liste – nicht vergessen – stehen die Kinder in euch, auf die ihr gestoßen wart, als ihr euch um den Ursprung eurer Herzenswünsche bemüht habt.

Morgen geht's weiter und mit Fragen wie: Warum funktioniert das bei manchen Menschen soviel leichter als bei anderen? Oder: Wenn es nicht so wichtig ist, dann klappt's, aber bei den ganz wichtigen Wünschen klappt es nicht, wie erklärt sich das? Das wird spannend. Jetzt wünschen ich und alle anderen Engel euch von Herzen einen wunderschönen restlichen Tag.

4.Tag Wie Anziehungskraft entsteht

Elion: Heute wollen wir die Anfangsübung noch ein wenig variieren.

Zunächst erinnert euch wieder an das Erlebnis einer überraschenden Wunscherfüllung und verbindet es mit der Farbe, die für euch dazu gehört. Atmet sie ein und aus. Geht wieder den Weg an dem Teich vorbei zu dem Wasserfall in dieser Farbe, stellt euch darunter und genießt das Überströmtwerden mit dem Lichtwasser.

Während ihr euch noch so freut, merkt ihr plötzlich: das Wasser hört auf. Ihr schaut ein wenig ratlos nach oben: Wo ist jetzt das Wasser? Irgendwie hört es auf. Wie fühlt sich das für euch an? Ihr seid hilflos, überrascht, staunend, vielleicht traurig, vielleicht wütend, vielleicht einfach nur so resigniert: ja, ja, so ist das eben immer mit den schönen Dingen. Vielleicht seid ihr ziemlich verletzt: Das gilt mir persönlich, es hört absichtlich jetzt auf. Und ihr blickt noch einmal staunend und verständnislos nach oben. Behaltet das Gefühl fest in Erinnerung: aha, so fühle ich mich, wenn das Wasser zu fließen und zu sprudeln und zu rauschen aufhört.

Öffnet wieder die Augen und seid wieder ganz hier. Haltet noch einmal fest: Wie war das für euch, was war das bestimmende Gefühl, als das Wasser aufhörte? Von Wut bis Angst, von Traurigkeit bis Hilflosigkeit, von Staunen bis Entsetzen – irgendwo dort werdet ihr euch wiederfinden. Schreibt euch das auf.

1. Zeiten der Trockenheit

Hattet ihr in der Kindheit mal einen Wunsch, auf dessen Erfüllung ihr sehr dringend gehofft hattet, der euch aber versagt blieb? Z.B. ich hätte so gern, dass meine Eltern sich vertragen, oder ich hätte so gerne wieder einen Papa oder noch ein Geschwisterchen oder eine Katze oder dass die Mami öfter Griesbrei macht oder dass die Lehrerin mich mal lobt und nicht immer nur den Franz. Doch das ging nicht in Erfüllung. Das hat damals ein ähnliches Gefühl wachgerufen wie der versiegende Wasserfall. Also ihr kennt dieses Gefühl, es ist euch vertraut wie ein roter Faden, der sich durchs Leben zieht.

Wenn ihr diesen roten Faden für euch gefunden habt, dann habt ihr ein sehr, sehr mächtiges Mittel in der Hand. Ihr habt die wichtige Einsicht, welche Methode der links von euch befindliche Doppelgänger am liebsten anwendet, auf welche er euch sozusagen dressiert, trainiert hat. Wenn bei euch das Wasser versiegt, dann reagiert ihr schön brav mit genau dieser Art von Gefühlscocktail.

Konntet ihr dem Versiegen des Wassers irgendeinen positiven Aspekt abgewinnen?

Ja, die Hoffnung dass es wieder kommt. Es tropfte ja noch. Einen schönen Ausblick und den blauen Himmel konnte man ja noch sehen.

Ja, es kann nur besser werden.

Wenn das aufhört, lernt man, es mehr zu achten. Jetzt wo das Wasser nicht fließt, merk ich erst, wie schön es war, als es floss.

Also: Achtsamkeit, Hoffnung, Zuversicht, ja sogar Freude: wenn das aufhört, kann es nur besser werden. Oder: jetzt merke ich, ich hätte eigentlich dankbar sein sollen. Es ist ja nicht normal, dass da einfach immer Wasser fließt. Auch das sind Arten des Reagierens. Sie sind nicht ganz so niederschmetternd, wie wenn ihr in Wut in Zorn ausbrecht und sagt: der hat das Wasser absichtlich abgestellt, das ist bestimmt nur mir passiert. Jedenfalls ist es wichtig, dass ihr zwei Schritte tut, *erstens* zur Dankbarkeit für das Wasser, das bisher floss, *zweitens* zur Gewissheit, dass das Wasser wieder fließen wird.

Dazu wird euch folgende Erkenntnis helfen. In den vielen Leben, die ihr schon gelebt habt, auch in diesem Leben ist es schon öfter vorgekommen, dass das Wasser mal nicht mehr floss, und dann floss es wieder. Aus eurer Erfahrung von vielen tausend Jahren wißt ihr: es wird wieder fließen, also Ruhe bewahren. Gäbe es nicht die Gewissheit, dass dies Wasser wieder fließt, würdet ihr nicht noch mal inkarnieren wollen. Ihr hättet längst gesagt: ist ja gut und schön mit der Erlösung, aber macht sie selbst, wir warten derweil. Also, lasst euch von diesem Versiegen des Wassers nicht nervös machen.

Eine Methode, die die Hierarchien zur Linken gerne nutzen, ist, aus dem Moment einen Dauerzustand zu suggerieren und euch damit in Aufgeregtheit, Panik, Stress zu führen: „Du wirst verdursten, du wirst nie eine Quelle finden. Wenn es jetzt aufhört, dann ist es für immer vorbei. Es ist aus, es ist nichts mehr zu machen. Wenn es so nicht geht, dann geht es überhaupt nicht."

Aber die Grunderfahrung des Vaters nach dem „Fall der Engel" ist doch: „Ich hab mir das anders vorgestellt, es sollte so sein. Jetzt ist nicht mehr so, aber es geht auch anders. Es geht immer irgendwie." Lasst euch nicht zu einer links- hierarchischen Einstellung verführen, also: „Wenn es so nicht geht, dann geht es gar nicht." Oder „wenn es jetzt aufhört, dann ist es vorbei." Immer diese Endgültigkeiten: jetzt ist Schluss, jetzt ist es zu spät. Ihr kennt das aus den alten griechischen Tragödien. Da geht es immer um eine Spielart von: Jetzt ist es zu spät, jetzt hilft nichts mehr. Das ist eine Empfindung, die die linken Hierarchien in größte Freude versetzt und die mit der Realität nichts zu tun hat.

Also wenn das Wasser aufhört, dann könnt ihr entweder abwarten, bis es wieder fließt, oder etwas unternehmen, z.B. losgehen und einen anderen Wasserfall suchen. Aber mit Sicherheit heißt es nicht: jetzt ist Schluss. Beruft euch auf eure Intelligenz, schaut innerlich zum Vater hoch und sagt: „ich bin ja schließlich dein Kind".

Die Frage ist nun, gibt es für euch eine dritte Möglichkeit? Könnt ihr dafür sorgen, dass der Wasserfall gar nicht erst versiegt, oder ihn dazu bewegen, dass er möglichst schnell wieder zu fließen beginnt?. Es ist ja so: manchen gelingt's, anderen nicht. Manche Wünsche erfüllen sich, manche nicht. Manche Menschen scheinen unglaubliche Fähigkeiten darin zu entwickeln, so zu wünschen, dass sich alles erfüllt, und andere nicht. Meistens sind es die anderen, bei denen es besser zu gehen scheint als bei einem selbst. Die Frage ist nun: Gibt es jemanden, der dieses Wasser zum Fließen oder zum Versiegen bringt? Hat der Gründe und welche? Gibt es da ein Konzept, einen Plan, eine Absicht? Und was könntet ihr tun, um die Rahmenbedingungen zu verbessern und das Wasser zum Weiterfließen oder zum Wiederfließen zu bringen?

Um diese Frage zu beantworten, sollten wir zunächst einmal klären, ob es einen Unterschied gibt zwischen Bitten und Wünschen, zwischen Für-bitten und Für–wünschen. Das führt noch mal ein bisschen ins Allgemeine, aber dann auch wieder zurück zu der Frage: Wer sitzt überhaupt an der Quelle und macht, dass das Wasser fließt oder nicht fließt?

Zunächst noch einmal: Was ist eigentlich Wünschen? Das Wünschen hat viele Facetten, verschiedene Inhalte und Farbnuancen. Wenn ihr dem Geburtstagskind sagt: „Ich wünsche dir alles Gute", dann schöpft ihr aus der himmlischen Fülle und schenkt es weiter, laßt aber unbestimmt, was für den Betreffenden das Gute sein mag. Ihr könnt das ja auch nicht wirklich wissen, ihr lasst es dahingestellt. So verfahrt ihr vor allem beim Für-wünschen.

Ganz anders ist das *Flehen*. Da seid ihr in einer bedrohlichen Situation und wünscht einen Ausweg, nicht aus der Fülle, sondern aus der Angst, aus dem Mangel, aus der Unsicherheit, aus der Verzweiflung.

Wieder anderer Art ist das *Bitten* z.B.: ich wünsche ein aufgeräumtes Zimmer, bitte räumt jetzt das Zimmer aufräumt.

Ihr könnt wünschen auch als *befehlen* verstehen: „Ich wünsche Ruhe", und der andere sagt: Ihr Wunsch ist mir Befehl. Der König wünscht, dass das und das zu geschehen habe. Und das geschieht. Ihr könnt auch den Engeln sagen: „Ich wünsche, dass ihr das jetzt fügt", mit dem Unterton: „Ich hab lange genug gewartet, mir geht die Geduld aus." Es kann einen ziemlich markanten und fast diktatorischen Unterton haben.

Oder ihr verbindet den Wunsch mit *Hader*, also mit Vorwurf, z.B. „alle haben das, nur ich nicht". Es ist dann ein insistierendes, sehr hartnäckiges Wünschen. Es ist ein *Fordern*, das durch den Vorwurf gerechtfertigt wird.

Im Wünschen ist alles drin: bitten, befehlen, flehen, ersehnen, betteln usw. Ihr solltet euch selbst weit und offen halten. Wenn ihr euch beschränkt aufs Betteln und Flehen und Jammern und Vorwürfe machen, dann legt ihr euch auf einen kleinen Teil dessen fest, was das gesamte Wünschen umfasst. Das wäre sehr schade.

Nun ist die Frage: Wann ist welche Wunschstruktur oder Grundspielart wünschenswert? Wie sollte dieses Wünschen in euch schwingen? Welche Farbe bekommt es? Es macht einen Unterschied, ob ihr sagt: Bei mir ist dieses Wünschen Orange oder:

bei mir ist es Rot oder eine Kombination aus Gold mit Silber oder immer Weiß oder ein dunkles Blau mit goldenen Punkten. Mit der Farbe habt ihr einen Hinweis darauf, wie Wünschen bei euch schwingt, welche Kräfte ihr ihm unterlegt, auf welchem Untergrund es steht.

Es wäre nicht gut, wenn euren Wünschen immer die gleiche Farbe unterlegt wäre. Besser wäre, Wünschen ist euch mal Orange, mal Blau, mal Gold mit Silber, am besten wäre immer gleich der ganze Regenbogen. Oder Weiß als Ausdruck der Summe aller Farben. Denn dann spricht euer Wunsch die ganze Schöpfung in ihrer Grundstruktur an, plus die gesamte Trinität. Dann ist diejenige Instanz, die sozusagen „zuständig" ist für euren Wunsch, in jedem Fall mit angesprochen und kann auch antworten. Wenn ihr wünscht, sprecht ihr die Sprache der Schöpfung, die ja aus Wunsch gemacht ist. Alles in ihr kann euch verstehen. Um aber eine Antwort zu erlangen, solltet ihr euch an diejenigen wenden, die euren Wunsch erfüllen können und wollen.

Also wenn ihr das Wort „wünschen" als Oberbegriff aller eurer inneren Regungen in dieser Richtung versteht, tut ihr euch einen großen Gefallen. Erspart euch die Enge, die es bedeutet wenn ihr euch zu einer Art hilflosem Opfer macht, das bettelt und fleht und doch nichts erlangt. -

Das hat auch Jesus nicht getan, als er sagte: „Vater, lass diesen Kelch, wenn es möglich ist, an mir vorübergehen." Auf den ersten Blick sieht es so aus, als wäre dieser Wunsch nicht erfüllt worden. In Wirklichkeit hätte Jesus aus der Vielzahl der Spielarten des Wünschens eine andere wählen können, z.B.: „Ich wünsche, dass die himmlischen Hierarchien alles fügen, damit dieser Kelch an mir vorüber geht". Und ihr könnt sicher sein, dass die Engel das gefügt hätten. Aber Jesus nimmt es gleichzeitig wieder zurück und sagt: „doch nicht mein, sondern dein Wille geschehe". Das heißt nicht: „Du willst mich bluten sehen, also sollst du mich bluten sehen, du herrischer, monströser Vater". Es heißt vielmehr: „Du wünschst, dass die Schöpfung zu Dir zurück kehrt und die linken Hierarchien in ihre Schranken gewiesen werden. Das erfordert, dass Dein Sohn zu ihnen hinabsteige, Glaubwürdigkeit zeige und einen Sieg für das Licht erringen werde. Also werde ich das tun."

Welchen Unterschied macht es, ob ihr für jemanden für-bittet oder für-wünscht? Wenn ihr z.B. zur himmlischen Mutter sagt: „ich *bitte* dich für die und die", dann legt ihr das der Mutter in den Schoß und seid wieder weg.

Dann ist das gut und schön. Aber wenn ihr sagt: „ich *wünsche* für die und die", dann bleibt ihr stehen und schaut, was sie macht. Denn da steckt noch mehr drin als im Bitten. Es steckt zwar das Bitten drin, aber auch das Flehen, ja sogar fast ein Befehlen, also: „Wenn ich dich das bitte, wirst du das tun."

Gewiß, der himmlischen Mutter werdet ihr nicht zu befehlen wagen. Trotzdem, ihr seid ja nicht niemand. Ihr seid eine Seele, die schon sehr viel geleistet hat. Ihr könnt euch auch mal hinstellen und sagen: „Also himmlische Mutter bitte, ich wünsche das." Ihr könnt bitten und flehen, euch aber auch in eine neue Rolle begeben, nämlich euch hinstellen und fordern. Ihr meint, das steht euch nicht zu, das sei respektlos? Oder meint ihr vielleicht, das sei gefährlich, denn wenn ich die Stirn habe zu fordern und es passiert nicht: welch eine Demütigung?

2. Nicht betteln, sondern fordern

Es ist tatsächlich eine Frage des Mutes, ob ihr euch zu einer Haltung des Forderns durchringen könnt. Denn das bedeutet, in eine Rolle zu schlüpfen, die der Gottes ähnlich ist, der sagte: „Es werde Licht" und es ward Licht. Ihr könnt nicht sagen: „Es schneie jetzt" und es schneit. Aber rein theoretisch, mit sehr viel

Übung, noch ein paar Dutzend Leben weiter wäre es möglich, dass euch die Natur unter bestimmten Umständen in gewissem Umfang gehorcht, und zwar, wenn die Bedingungen gegeben sind, nämlich: *Erstens*, ihr wagt wirklich zu fordern, *zweitens* ihr habt seit langem ein gutes Verhältnisse zu den Naturgeistern gepflegt, so dass die sagen: „Auf den hört, was der sagt, das macht, der meint es gut mit euch." Das hätte sich rumgesprochen. Der letzte Zwerg im letzten Winkel wüsste das. *Drittens*: Die Erfüllung eures Wunsches würde der Schöpfung geradezu ein Aufatmen bescheren, denn sie entspricht ihrem Grundwunsch: Gemeinschaft in Freude und Frieden. Dann könnt ihr euch hinstellen und sagen: „Ich fordere das jetzt." Und es würde geschehen. Es wäre gleichzeitig ein flehentliches Bitten, ein dankbares Erhoffen und ein Ausdruck klarer Gewissheit.

Wollt ihr das einmal üben? Nehmt euch mal einen sinnvollen Wunsch vor und sagt: „Ich fordere das jetzt, weil ich nämlich einstehe für diesen Wunsch. Weil ich wünsche, dass das auf der Welt jetzt möglich werde. Weil ich mich dafür inkarniert habe. Weil ich das auf meine Kappe nehme. Ich stehe dafür ein, und gleichzeitig kniee ich, um zu flehen, zu bitten, zu betteln, einer in den Engel-Hierarchien möge das hören, die Mutter möge gnädig sein, der Vater zugewandt und der Sohn wirksam."

Wenn eine Menschenseele das wirklich tut, dann ist sie sehr wertvoll für den Himmel, ein Goldkorn im Sand. Diese Art zu fordern erscheint gefährlich wegen der Gefahr der Demütigung. Sie fordert Mut. Ihr seid aber zu der Meinung erzogen worden, dass so was gar nicht geht, und die linken Hierarchien richten euch auf die Vorstellung aus: Ihr seid viel zu klein, viel zu schwach, ihr könnt nichts bewegen, ihr könnt nichts bewirken, auch ihr könnt die Welt nicht verändern, keiner kann das.

Wenn der eine oder andere unter euch wirklich einmal wagen sollte, dem Himmel fordernd gegenüberzutreten, dann braucht er nicht darüber zu reden. Kein Mensch auf der Welt braucht von euch zu wissen. Es geschieht nur zwischen euch und der Instanz im Himmel, mit der ihr das abmachen möchtet. Wenn ihr das tut, bringt euch das in eine andere Position, als wenn ihr bittet und bettelt. Wenn ihr fordert, steht ihr da. Meint ihr, die Mutter, der Vater oder wer sonst könnte euch anschauen und sagen: „Du wagst es, hier zu stehen und zu fordern? Du Wicht, dich werde ich mit dem Daumen zerquetschen?" Tut das die Mutter? Sie tut es bestimmt nicht, der Vater auch nicht und der

Sohn schon sowieso nicht. Ihr braucht da keine Angst zu haben. Im Gegenteil, ihr werdet erleben, dass die angesprochene Instanz sagen wird: „Du wagst zu fordern? Das freut mich aber. Komm doch!"

Wenn ein Kind zu einem Besuch sagt: „Hast du mir etwas mitgebracht?", springt der Erwachsene hinzu und sagt: „Aber Kind, das gehört sich nicht, das ist ungezogen, man fordert nicht Geschenke." Ja, das stimmt schon, das ist nicht wohlerzogen. Aber es ist stimmig, das Kind tut etwas, das ihm ganz natürlich scheint. Warum? Weil es ganz natürlich ist. Bringt ihnen bei, dass Fordern auch Konsequenzen haben kann: man steht da, es kann ziemlich peinlich werden. Nicht jeder Besuch sagt: „Wie nett von dir, dass du es wagst." Aber gewöhnt ihnen das Fordern nicht ab.

Und ihr gewöhnt euch das Fordern bitte wieder an, zwar nicht von Menschen, aber von den himmlischen Instanzen. Aber sagt nicht „ich fordere", also gib mir mal dies und das, sondern „ich wünsche". Das üben wir jetzt mal.

ÜBUNG

Überlegt euch bitte mal: Was würdet ihr wünschen, jetzt wo ihr es wagt, und zwar fordernd wünschen? Überlegt euch, ob ihr für diesen

Wunsch auch wirklich einstehen könnt, sonst fordert ihn besser nicht. Dann überlegt, zu welcher Instanz ihr mit diesem Wunsch am besten geht: Engel? Himmlische Mutter? Vater? Sohn? Setzt euch bequem, aber aufrecht hin und schließt die Augen. Dann macht die besprochenen Übungen mit der Hand und begegnet zunächst Vater, Mutter und Geschwistern in diesem Leben, mit denen ihr ja schon euren Frieden gemacht habt. Sie werden durchsichtig, transparent, und ihr tretet weiter zur himmlischen Mutter oder zum himmlischen Vater oder zum Sohn.

Stellt euch aufrecht und entschieden hin wie jemand, der etwas wünscht. Der sich seiner Mängel, aber auch seiner Leistung und seiner Größe bewusst ist, der schon einiges geleistet hat für die Erlösung dieser Welt. Sprecht die Mutter oder den Vater oder den Sohn einfach mal an und sagt: „ich wünsche". Das sagt ihr mit einem fordernden Unterton und denkt dabei im Stillen: ich fordere, befehle, bitte nachdrücklich das und das, z.B. mehr Frieden auf Erden, mehr Schutz für die Natur, mehr Einlenken bei den und den Menschen oder Völkern, je nachdem. Ihr werdet merken, dass es dann kaum mehr nur persönlich geht, meistens wird es überpersönlich. Vielleicht zittert ihr innerlich ein bisschen: Um Himmels Willen, was wird jetzt passieren?

Und ihr werdet sehen, man lächelt. Dann wird wahrscheinlich die Frage kommen: „Gut, wir werden dir gerne helfen, was wirst du dafür tun?" Vielleicht habt ihr eine Antwort, z.B. ich werde einen Verein gründen oder das zahlen, oder reisen, oder reden, oder Zeugnis ablegen oder dergleichen. Oder ihr sagt: Das weiß ich im Moment nicht so genau, ich komme wieder, ich überlege mir das. Vielleicht erlebt ihr auch, dass sich die Instanz, die ihr euch ausgesucht habt, so freut, dass sie euch segnet, euch anlächelt, euch aufmuntert, euch auf die Schulter klopft. Und dann verabschiedet euch für den Moment und geht.

Frage: *Da hab ich ein bisschen Probleme. Kann man vielleicht sagen: „ich wünsche mir das, bitte tut es."*

Ja, das kannst du als Zwischenform mal machen. Später solltest du mit dem Wort „Wünschen" eigentlich alles in Worte fassen. So wie ihr sagt: „ich liebe dich", und damit meint, ich respektiere dich, ich mag dich, ich schätze dich, ich achte dich, ich vertraue dir, ich begleite dich, ich sorge für dich, ich ertrage dich, ich trage dich. Das alles und noch mehr steckt in diesem einen Wort.. Wenn ihr sagt, „ich wünsche", sollte klar sein: da ist von flehen bis befehlen alles drin.

Unterscheidet sich das Wünschen vom „Erschaffen", das heute so viele propagieren?

Das Wünschen als ein Erschaffen? Wie beim Zauberkünstler, der mit den Fingern schnippst, und dann kommt das Kaninchen aus dem Hut? Ja wo war es denn vorher? Das hat er jetzt gerade erschaffen? Solche Zaubertricks sind ja nett. Aber es dürfte euch klar sein, dass kein Mensch etwas erschafft, weil er wünscht. Ihr erschafft nichts, was vorher nicht war. Ihr tut auch gar nichts Neues, solange ihr wünscht, was dem Urwunsch der Schöpfung entspricht. Wünscht nichts, was die dunklen Hierarchien wollen.

Wenn ihr wünscht, rührt ihr an die Seele aller Dinge, an das Wesen aller Dinge, ihr sprecht die Sprache aller Dinge, ihr singt das Lied, das in allen Dingen schläft, und ihr weckt die Dinge, die Wesen, die Kreatur, die Natur auf: *erstens* zur Erinnerung – ja richtig, so war das mal – , *zweitens* zur Wiederherstellung dieses erinnerten Zustandes. Ihr erinnert alle Schöpfung: so war es ursprünglich, so wart ihr geschaffen, so war alles gemeint und gedacht und gemacht, und so wird es eines Tages wieder sein. Und ein bisschen davon wird durch meinen Wunsch hier, heute, jetzt schon sein.

Also ihr erschafft nicht etwas Neues, sondern ihr schlagt eine Brücke zwischen Vergangenheit und Zukunft, indem ihr ein bisschen von dem, was in der Vergangenheit war und in der Zukunft wieder sein wird, aufdeckt, ansprecht und in die Gegenwart bringt. Der wünschende Mensch macht wach, macht lebendig. Der Nicht-Wünschende schläft und schläfert auch alles um sich herum ein. Er verschläft sein Leben, er trottet so dahin, er funktioniert. Wer das für wünschenswert hält, sollte nicht wünschen.

Also wer wünscht, kitzelt sowohl die Erinnerung als auch die Gewissheit der Zukunft heraus. Wer seinem Hund einen guten Morgen wünscht, der erinnert ihn: ach, richtig, jetzt weiß ich wieder, wer ich bin und was ich bin. Er verstärkt sozusagen das Selbstbewusstsein aller Wesen und aller Dinge. Und seiner selbst. Vielleicht ist die legerste Art, es auszudrücken: Wer wünscht weckt auf. Ein Wünschender ist wie einer, der mit dem Wecker durch die Gegend läuft und sagt: „Hallo, aufwachen, huhu, es wird Zeit." Nicht: es wird Zeit, weil das Ende nahe ist, sondern es ist immer der richtige Zeitpunkt, um aufzuwachen. Ist das schon genug Antwort auf deine Frage?

Nicht ganz. Ich hätte gern noch ein Wort zu der vor allem aus den USA kommenden Literatur, die das Wünschen zumindest in die Nähe des Erschaffens bringt. Ist das Anmaßung?

Es ist ja hübsch und nett den Menschen zu sagen: Schau, du bist wer, du kannst was, kultiviere die Sehnsucht in dir und dann kannst du das alles erschaffen. Nur stoßt ihr sehr schnell an Grenzen. Ihr seid nicht Gott, ihr seid in eine verwundete Schöpfung inkarniert. Da werden euch Steine zwischen die Füße geworfen, je schneller ihr lauft, desto mehr. Wenn ihr sagt: Jetzt fang ich mal an mit dem Erschaffen, ist das nicht tauglich für die Realität, in der ihr lebt.

Ist es Anmaßung? Na ja, es ist jedenfalls ein bisschen leichtsinnig. Es ist hübsch amerikanisch: „yes we can", wir machen das einfach, klar, kein Problem, nur eine Frage irgendwo zwischen Rhetorik und Logistik. Wenn Seelen tief in die Resignation gerutscht sind, bietet ihnen das ein Gegengewicht. „Du bist Schöpfer deines Lebens, du machst dein Glück selbst. Du bist der Herr deines Schicksals." Das ist in gewissen Fällen therapeutisch sinnvoll, aber nicht wirklich der Realität adäquat. Die Schöpfung ist verwundet, die Heimkehr dauert lang, manchmal könnte selbst ein Engel an den Rand der Engelsgeduld kommen. Denn die dunklen Hierarchien sind sehr fantasievoll, denen fällt eine Menge ein, sie finden auch eine Menge willige Helfer. Da genügt es nicht, zu sagen: „Spann doch mal die Arme aus und flieg", als wärst du der Herr der Naturgesetze. So einfach ist das nicht.

Doch ihr seid aufrecht stehende Ebenbilder und Gleichnisse des Schöpfers. Ihr habt dem Schöpfer versprochen – das wisst ihr vielleicht nicht mehr -: „Wir helfen mit bei der Erlösung, wir führen mit nach Hause." Insofern – das ist ja witzig – seid ihr alle Christen, weil Christus genau dasselbe gesagt hat. Das war sein Grund zur Inkarnation und das ist der Urgrund eurer Inkarnation. Insofern seid ihr Helfer, erfahrene, leidgeprüfte, mit Schrammen und Narben versehene Helfer. Deshalb habt ihr das Recht, zur Trinität zu gehen und zu sagen: „Jetzt fordere ich die und die Unterstützung, ich wünsche das jetzt."

Dann kommt die Frage: Ja gut, und was machst du? Ihr erinnert euch: wenn Jesus heilte, sagte er: „Und jetzt tu du was. Geh, wasch deine Augen, nimm dein Bett, zweifle nicht mehr", tu dies und jenes oder tu dies und jenes nicht mehr. Das also ist jetzt die Frage an euch: Was tut ihr? Wünschen bedeutet für euch immer Arbeit. Wer wünscht wird aktiv. Er weckt auf und wird selber ein Aufgeweckter, ein Aktiver, ein Mutiger, ein Handelnder.

3. Inneren Reichtum vergegenwärtigen

Was aber, wenn ihr gewünscht und gefordert habt und ihr tut auch das eure, und trotzdem; das Wasser fließt nicht? Was tun, damit ihr das Wasser wieder zum Fließen bringt?

Zunächst überprüft noch einmal selbstkritisch, ob ihr beim Wünschen und Fordern einen Fehler gemacht, die Bedingungen außer acht gelassen habt. Also noch einmal:

Erstens euer Wunsch darf dem Urwunsch der Schöpfung nicht widersprechen. Sonst wird er einfach nicht verstanden, oder er richtet etwas an, das den linken Hierarchien zu gute kommt, und das übrigens dann auch auf euch zurückfällt. Ihr führt euch ins Unglück damit. Selbst wenn es im Moment gut zu gehen scheint und ihr über den anderen siegt: Es wird trotzdem auf euch zurückfallen, dass ihr nicht Gemeinschaft, nicht Frieden und Freude unterstützt, gewünscht, gefordert, gefleht habt.

Zweitens: Euer Wunsch sollte ernsthaft, ein Herzenswunsch sein, den ihr schon mindestens ein Jahr gehegt habt.

Drittens: Ihr habt euch an die richtige Instanz gewandt.

Viertens: Ihr habt gleichermaßen gefordert, gebeten, gebettelt, gefleht.

Fünftens: Ihr habt eine Antwort auf die Frage, was ihr selber tut.

Wenn das alles in Ordnung ist, erinnert euch noch einmal an die kleinen untröstlichen Kinder in euch, die ja der Urgrund eurer Wünsche waren. Es gab eine Not, einen Kummer in euch: Kinder, die in euch leiden, weinen, frieren, allein gelassen sind. Jetzt wird es wichtig, dass ihr diese innere Not wendet, diesen inneren Kummer heilt. Damit schafft ihr den inneren Zustand des in Erfüllung gegangenen Wunsches, auch wenn er im Äußeren noch gar nicht erfüllt ist. Ihr fühlt euch so, als ob er schon in Erfüllung gegangen wäre und begünstigt damit die Wahrscheinlichkeit, dass er sich erfüllen wird.

Übrigens werdet ihr sehen, dass das äußere Erfülltwerden eures Wunsches euch dann gar nicht mehr so wichtig ist. Er war euch solange wichtig, als es die Bedingung dafür war, dass es dem notleidenden Kind besser geht. Also wartet ruhig im Außen auf den stimmigen Arbeitsplatz, den Partner, das Haus, auf dies und jenes, aber tut derweil etwas für die Tröstung des leidenden Kindes im Innern. Wie geht das praktisch?

ÜBUNG

Nehmt euer leidendes inneres Kind noch einmal in den Blick. Es weint und weint und weint. Ihr seht euch selbst als den Erwachsenen, der ihr heute seid. Ihr erlebt: Dieses Kind guckt mich an und ich gucke es an. Für dieses Kind bin ich so etwas wie eine gute Fee oder ein Nikolaus, vielleicht auch ein Notarzt, der dieses Kind anspricht. Geht in eurer Vorstellung bitte in die Hokke hinunter zu diesem Kind, guckt es nicht einfach nur so von oben an, sondern guckt ihm in die Augen, auf gleicher Augenhöhe. Dann fragt dieses Kind: „Sag mal, was fehlt dir denn, was hast du, was genau ist deine Not?" Vielleicht sagt es, „mir fehlen Mama und Papa", oder „mir fehlt etwas zu essen", oder „ich weiß gar nicht wo ich schlafen soll, ich gehöre nirgends hin, meine Stadt ist weg, das hier ist mir alles fremd, ich kenne mich nicht aus". Jetzt versucht ihr als der Erwachsene zu verstehen: „aha, dir fehlt die Orientierung", oder „dir fehlt die Sicherheit" oder „dir fehlt die Geborgenheit. So ist die Diagnose, das fehlt diesem Kind."

Dann nehmt dieses Kind in den Arm, steht mit ihm zusammen auf und sagt: „Komm mit mir, ich werde dir was zeigen, ich werde dir helfen". Geht ein paar Schritte mit diesem Kind. Vielleicht wimmert und zittert es noch so ein bisschen, oder es seufzt ab und zu. Ihr trocknet die Tränen und drückt es an euch, und dann, wenn ihr so ein paar Schritte gegangen seid, zeigt ihr ihm was.

Ihr seht vor euch, selber ein bisschen staunend, einen bunt gedeckten Tisch, ein Schlaraffenland, ein Paradies, eine schöne sonnige, warme Welt, eine Wiese, vielleicht ein Schloss oder was auch immer dieses Kind erheitern und trösten kann: „Schau, du musst nicht mehr hungern, du brauchst nicht mehr allein sein. Schau, hier sind lauter nette Menschen und Tiere und alles, was du dir nur wünschen kannst." Ihr schaut mit dem Kind zusammen diese wunderschöne Szenerie an, so staunend wie das Kind an eurer Seite, das den Mund offen hat und große Augen kriegt. Ihr geht ein bisschen näher ran und sagt: „Komm, da gehen wir jetzt hin und dann kriegst du was. Ich stell dir da diese Leute vor, es sind alles Freunde oder nette Bekannte." Jetzt kommt der besondere kleine Dreh, vielleicht gelingt es euch gleich beim ersten Mal, sonst wird es euch beim nächsten oder übernächsten Üben gelingen.

Ihr merkt: In dieser schönen Szenerie, in die ihr hineingeht wie in ein Bühnenbild, sind lauter Gegebenheiten aus eurem eigenen Leben, z.B.: „Das Porzellan auf dem Tisch, das kenn ich, das ist doch meins". Oder: „Diese Menschen sind doch Schulkameraden von früher oder irgend welche netten Mitarbeiter. Ach, da hinten kommt sogar mein Chef und winkt freundlich, der ist heut guter Laune". Ihr entdeckt in dieser Szenerie immer mehr Kleinigkeiten, die euch aus eurem Leben bestens bekannt sind. Sie ist euch gar nicht mehr fremd, sie präsentiert dem Kind auf eurem Arm einen Teil eures Lebens, macht es vertraut damit. Das Kind lebt auf. Ihr freut euch und staunt auch: Ich habe gar nicht gewusst, dass da so viel nette Leute sind und dass ich so einen vollen Tisch habe.

Jeder hat so einen verletzten, Not leidenden kleinen Knirps in sich, da könnt ihr noch so erwachsen geworden sein. Warum? Weil ihr in eine Inkarnation gesprungen seid, die eben verletzt ist. Euer Leben geht nicht anders, als dass ihr auch Leid erfahrt, Wunden geschlagen bekommt, blutet, Schmerzen leidet, Narben davon tragt. Das führt dazu, dass ihr hart werdet, eng werdet, vielleicht ein bisschen verbittert, dass ihr eure Träume einfach vergesst, nach dem Motto: bin zu alt dafür, ist ausgeträumt, ist fertig. Immer wenn das passiert, wenn ihr sozusagen erwachsener werdet, bleibt ein kleines weinendes Kind zurück. Ihr löst dieses Kind aus seinem Weinen heraus, indem ihr als die Erwachsenen ihm eine andere, bessere Welt zeigt. Ihr zeigt ihm die schönen, feinen, angenehmen, lichten, tröstenden, heilenden, fülligen, sonnigen Seiten eures eigenen Lebens. Und ihr merkt staunend: Von dem, was ihr wünschtet, ist schon viel mehr da, als ihr bemerkt habt. Nutzt die Zeit bis zur Erfüllung eures Wunsches im Außen, indem ihr in eurer Erinnerung entdeckt, wie weit dieser Wunsch schon erfüllt ist.

Also ihr wünscht euch z.B. Reichtum, ihr meint damit Geld. Dann entdeckt euren inneren Reichtum. Geht auf die Suche nach Erinnerungen in eurem Leben, wo ihr ziemlich wohlsituiert wart: „Da hat mir der Opa mal soo viel Taschengeld gegeben, da war ich unglaublich reich und hab alle meine Schulkameraden zu einem Eis eingeladen." Oder ihr sucht anderes Vermögen in euch. Ihr verfügt vielleicht über eine schöne Stimme, über ein nettes Lächeln, über goldenes Haar, über gute Mathematikkenntnisse oder über die Gabe des Klavierspiels. Wieviel Reichtum habt ihr in euch! Und wenn euch etwas fehlt, dann findet ihr die hilfreiche Mutter, den Arzt, den Nachhilfelehrer, den Freund usw.

Also nehmt das Kind auf den Arm und zeigt ihm diese Welt in euch. Zeigt ihm nicht, was alles krank ist, sondern was alles gesund ist. Es gab Zeiten, da war mehr oder weniger alles gut. Was euch jetzt im Außen zu mangeln scheint, das entdeckt im Inneren, in eurer Vergangenheit, kommt damit ins Gespräch. Bildet eine Gemeinschaft in Freude und Frieden: „Ich und mein Vermögen in mir, ich und alle meine Partner und Freunde in mir, ich und alles Gesunde in mir, ich und alle, die mir in meinem Leben schon geholfen haben", und lasst das Kind daran teilhaben.

Damit schafft ihr die Grundheilung in euch. Wenn euch die gelungen ist, entfaltet sie von alleine eine *Anziehungskraft*, die zur Heilung, Erfüllung, zum Wahrwerden der Wünsche im Außen führt.

Innere Not zieht äußere Not an, innere Fülle zieht äußere Fülle an. Denn es zieht sich an, was sozusagen dasselbe Lied singt. Die Erfahrung von Schmerz, Not, Mangel, Leiden,

Trennung ist immer hervorgerufen durch irgend eine Einwirkung der linken Hierarchien. Sie präsentieren euch das Schicksal, das Leben, eure Erfahrungen so, dass ihr merkt, diese Schöpfung ist kein Paradies, sie leidet. Das Leben ist hart und schwierig. Es fließt nicht so einfach.

Es gibt kein Leben ohne Begegnung mit den linken Hierarchien. Ihr habt nun mal einen Doppelgänger. Ihr könntet sonst auch gar keine Erlösungsarbeit leisten, wie ginge das denn? Doch so lange das Programm des Doppelgängers in euch wirksam ist, das weinende Kind weiter ungetröstet bleibt und ihr meint, wünschen habe nur noch mit betteln zu tun, solange bleibt ihr in der unerfüllten Situation.

Erst wenn ihr den Schritt schafft zum Lied, das in allen Dingen schläft, dann könnt ihr auch alle Dinge an euch ziehen. Sie kommen dann zu euch, weil sie euch hören und verstehen. Solange das „Lied" der dunklen Hierarchien vorherrscht, zieht ihr natürlich das Dunkel an, also weitere Tränen, weitere Not, weiteres Leid, weiteren Mangel. Deshalb zeigt dem weinenden Kind eine lichte, eine schöne, eine Welt der Fülle, so wie sie der Vater einst schuf. Wenn ihr also aus Mangel, aus Not, aus Kummer, aus Entbehrung gewünscht habt, dann habt ihr jetzt die Technik an der Hand, die zur Erfüllung des Wunsches führen kann.

4. Dynamik und Trägheit der Materie

Habt ihr dazu Fragen?

Ja, das überzeugt mich für „normale", friedliche, bürgerliche Verhältnisse, wie die in denen wir heute in Europa leben. Wie soll man aber umgehen mit einer Not, die man nicht selbst angezogen hat, die vielmehr daraus erwächst, dass man zu einer verfolgten Gemeinschaft gehört?

Ja, das ist eine andere Sache, weil dann die Frage ist: Wie individuell kannst du dein Leben gestalten, wenn du an einem Gemeinschaftsschicksal teilhast? Angenommen, du gehörst zu einem Volk, einer Rasse, einer Gemeinschaft, die von anderen ausgeschlossen, versklavt, verfolgt, umgebracht, vertrieben wird etc. Übrigens findet ihr so etwas immer und überall, nur wird das in so genannten normalen Zeiten nicht so deutlich sichtbar.

Also jeder inkarniert immer als Einzelwesen, aber auch in eine Gruppe hinein, und u.U. in eine Gruppe, der ein solches Schicksal bevorsteht. Dann lebst du nicht nur ein

individuelles Leben, sondern das Gruppen-
schicksal mit. Wenn die linken Hierarchien
soviel Oberhand bekommen, dass Mächtige auf der einen Seite über Hunderte oder
Tausende oder Millionen auf einer anderen
Seite bestimmen können, dann gerätst du in
den Sog eines kollektiven Lebens. Dann wird
das Kollektive bestimmender als das Individuelle Das ist für den Einzelnen schwer zu
verstehen, vor allem wenn es gerade passiert. Er kann ja i.d.R. nicht überblicken, welche linken Hierarchien auf wen wie Zugriff
haben, und selbst, wenn er es durchschaut,
kann er sich wahrscheinlich der Gesamtdy-
namik nicht entziehen.

Ihr habt es in der gefallenen Schöpfung
mit Dynamik und Trägheit zu tun, weil es die
Materie gibt. Die Materie verhält sich anders,
als das fein gesponnene Gewebe der Gedanken. Ihr seid an bestimmte Verhaltens-
weisen dieser Materie gebunden, solange
ihr in der Materie lebt und arbeitet.

Die Materie besitzt eine gewisse Trägheit,
eine zu sehr viel Geduld auffordernde Lang-
samkeit. Bis so ein Berg sich mal wohin bewegt, braucht es Zeit. Andererseits entwickelt
sie ihre Dynamik. Wenn sie in Gang gesetzt
ist, könnt ihr sie nicht mehr einfach stoppen.
Ihr könnt z.B. eine herabstürzende Lawine
nicht mehr bremsen. Und genauso geht es,

124

wenn eine bestimmte Menge Seelen sich der Führung der dunklen Hierarchien ergeben hat, wie z.B. im Nationalsozialismus. Hat die Masse eine bestimmte Dynamik erreicht, ist sie nicht zu stoppen, die Raserei muß sich zu Ende laufen.

Das ist ein Problem nicht nur für euch, sondern auch für alle Engel. Wenn sie mit dieser Dynamik konfrontiert sind, können sie fügen, was sie wollen, sie können nichts dagegen ausrichten. Sie können zwar Menschen, die versuchen, das Unheil aufzuhalten, mit Kraft und Mut ausstatten. Diese Menschen können dann ein Lichtsignal setzen, aber das wird für sie zum Heldentod führen. Das sind Hoch-Zeiten für die dunklen Hierarchien, da können sie einmal richtig Triumphe feiern.

Deswegen heißt es: Wehret den Anfängen. Im Anfang läßt sich eine solche Entwicklung noch beherrschen. Dann aber setzt sich eine Dynamik frei, die könnt ihr nicht mehr handhaben. Da braucht ihr die große Geduld und den langen Atem, zu sagen, wir müssen es ertragen, zuzuschauen ohne eingreifen zu können. Wir werden zur Stelle sein, sobald wir können. Ihr könnt euch vorstellen, dass die Engel da am allermeisten leiden. Sie kennen dieses Inkarniertsein nicht. Zuzuschauen bis die Materie sich ausgetobt hat ist ganz schwierig. Da seid ihr bei der Ohnmacht der Engel ange-kommen, bei der Ohnmacht sogar der Tri-nität. Es sei denn der Vater würde irgend-wann doch die Nerven verlieren und sagen: Schluss, aus, ich nehme die Schöpfung zu-rück. Das ist aber nicht zu erwarten. Denn Gott ist vor allem geduldig.

Also, Dynamik und Trägheit der Mate-rie können euch, aber auch dem Himmel die Handlungsmöglichkeiten aus den Hän-den nehmen. Wenn ihr Gott ähnlich wer-den wollt, dann braucht ihr vor allem eines: Geduld. Ihr seid manchmal ungeduldig und fordert, und das ist auch gut so. Aber manchmal solltet ihr erkennen: jetzt braucht es vor allem Geduld. Dann arbeitet im Inne-ren weiter, macht es euch dort so licht wie nur irgend möglich.

Zum Abschluß noch eine kleine

ÜBUNG

Installiert jetzt mal in alle Innenräume Festbe-leuchtung, z.B. Kerzen bei den Eremiten und die wunderschönen Kronleuchter in der Inneren Kir-che, überall macht mal Licht. Sprecht: „Es werde Licht", und es wird Licht in euren Innenräumen. Ihr werdet sehen, das geht fast so wie in der Ge-nesis. Ihr sprecht: „es werde Licht" und es wird Licht. Das ist ein sehr schönes Erlebnis.

Diese Übung könnt ihr immer machen, wenn ihr irgendwie mit den dunklen Hierarchien konfrontiert wart und davon traurig geworden seid. Nachdem wir kurz darüber gesprochen haben, wie die Hierarchien die Dynamik und Trägheit nutzen können: macht jetzt mal Licht in euren Innenräumen.

Morgen geht es weiter mit der Frage: Wer bringt das Wasser zum Versiegen, und vor allem: wer stellt es wieder an?

5. Tag Krisenzeiten

Elion: Gestern begannen wir mit der Übung: Das Wasser fließt, aber plötzlich hört es auf. Das kann eine spannende, neugierig machende Erfahrung sein, aber auch als Katastrophe empfundenen werden. Da stellt sich die Frage: Wer dreht das Wasser ab? Wie bring ich es wieder zum Laufen, oder wie bring ich jemanden dazu, es wieder zum Laufen zu bringen? Interessiert euch das? Gut, dann wäre die passende, stimmige Übung dazu die, die ich jetzt gerne mit euch machen möchte.

ÜBUNG

Atmet wieder tief ein und aus. Aber heute erinnert ihr euch nicht an einen überraschend in Erfüllung gegangenen Wunsch, sondern an die Erfahrung einer Trockenzeit: ich wünschte mir jahrelang etwas, aber das wurde und wurde nicht. Das wirkte wie ein Wandern durch die Wüste. Da floss nichts, es war dürr, entbehrungsreich, anstrengend, bedrückend. Der ersehnte Wasserfluss kam nicht. Das Gefühl, das die Erinnerung an diese Zeit der Dürre, der Einöde, der Entbehrung, des nicht erfüllten Wunsches begleitet, bedenkt mit einer Farbe. Welche Farbe stellt sich ein? Nach welcher Farbe fühlt sich das an? Wahrscheinlich ist es grau, sandfarben oder einfach grell oder im Gegenteil düstrig.

Jetzt stellt euch vor: Es gibt nicht mehr die grüne Wiese mit dem Teich und dem Bach und dem Wasserfall, sondern da ist jetzt Wüste, Dürre, Einöde. Der Wasserfall war gestern, die Wüste ist heute.

Ihr seid ganz ermattet und habt die körperliche Empfindung: „Ich schaff es kaum noch, Schritt für Schritt einen Fuß vor den anderen zu setzen. Es wird mühsam mit dem Atmen, mir sinken die Schultern nach vorne, ich torkele fast. Wäre kriechen nicht angenehmer als gehen? Ich setz mich jetzt einfach hier hin. Ich mag nimmer, ich kann nicht mehr. Vielleicht weint ihr still in euch hinein: „Immer wenn man Hilfe braucht, ist keine da. Ausgerechnet wenn es schlimm ist, ist man allein. Bis zum Horizont ist nichts zu erkennen, keine Quelle, keine Regenwolke, kein Licht, keine Hilfe, keine Menschen, keine Engel, keine Tiere. Und das Lied? Ich hör kein Lied."

Kennt ihr das? Hattet ihr schon einmal dieses Empfinden, dieses Bild? Dann wird es Zeit, dass ihr fürs erste die Augen aufschlagt, hierher zurückkehrt und sagt: na Gott sei dank, es ist doch nicht ganz so. Wie gut, dass ich aus diesem Albtraum aufgewacht bin.

Die Grundfrage ist jetzt, wer hat diesen Zustand zu verantworten? Was ist das erste, das euch spontan in den Sinn kommt? Das kann durchaus bei jedem etwas anderes sein. Die einen sagen: „Gott, die können mir von dem liebevollen Vater erzählen was sie wollen." Andere meinen: „Das war bestimmt mein Sonnenengel, der wollte mir was beibringen, ich soll was lernen". Wieder andere meinen: „Das waren bestimmt meine Eltern, obwohl ich mit ihnen eigentlich schon Frieden gemacht habe, oder die Schwiegermutter oder der Chef. Oder das war ich selbst." So, hat jeder irgend so eine spontane Antwort?

Jedenfalls hat jeder eine Theorie. Ihr versucht euch das ja zu erklären, und das ist auch legitim. Für Dinge, die ihr nicht versteht, solltet ihr Erklärungen suchen. Und es ist schon sinnvoll zu fragen: Wer hat die Wüste zu verantworten? Wer macht, dass es in meinem Leben solche Trockenzeiten gibt? Dass es so wüst und leer ist?

Also, wir setzen die Übung fort, auch wenn sie unangenehm ist. Ihr seid wieder in der Wüste. Jetzt achtet einmal auf den Boden, über den ihr da lauft. Ihr werdet erkennen, da war schon mal wer, ich bin gar nicht der erste oder die erste. Da sind Spuren im Sand, vielleicht nur ganz sachte, vom Wind schon halb verweht. Geht diesen Spuren nach. Vielleicht werden sie immer mehr, und ihr habt auch den Eindruck: da, links von euch, da war doch was, da hat sich was bewegt, ist schon wieder weg. Folgt den Spuren weiter, nehmt das Huschen links von euch zur Kenntnis, aber lasst euch nicht irritieren, geht weiter der Spur nach.

Geht ihr jetzt Schritt für Schritt weiter, dann werdet ihr denjenigen finden, der diese Spur hinterlassen hat. Er sagt: Komm warten wir gemeinsam. Setz dich hin, ich hab was für dich zu trinken und zu essen. Er ist weder aufgeregt noch in Panik noch in Verzweiflung noch in Resignation, sondern er lächelt und sagt: „Na, geht es dir auch so wie mir? Warten wir halt gemeinsam."

Nun kommt zurück aus dieser ersten Erfahrung mit der Wüste. Habt ihr den Verursacher dieser Spur erkannt? Ihr wißt ja, dass Jesus für 40 Tage in die Wüste ging. Es gibt viele Heilige, die ähnliches getan haben. Es gibt viele Menschen, die ihr nicht namentlich kennt, die zwar nicht in die Wüste gehen, aber in ein eremitisches Dasein auf Zeit, in eine Klausur, auf einen Berg, an einen Meeresstrand, auf eine Insel, jedenfalls in eine bestimmte Form von Einsamkeit, in eine freiwillig gewählte Form des Zurückgenommenseins.

Vielleicht kennt ihr so etwas nur auf eine Art, die ihr nicht selbst gewählt habt, sondern die euch widerfahren ist und zum Opfer gemacht hat: Es ist öde und karg, es fließt nichts, es erfüllt sich kein Wunsch, es geht nicht vorwärts, es läuft nicht, es klappt nicht, es geht nicht. Ihr empfindet das als bedrohlich, als beängstigend, als Angriff auf euer Dasein. Ihr könnt hin und her diskutieren, ihr könnt jammern, betteln, flehen, bitten, ihr könnt machen, was ihr wollt: Es fließt eben das Wasser nicht.

Wie geht ihr damit um? Zunächst solltet ihr wissen: Das Wasser, das im Moment nicht fließt, ist nicht weg, weil kein Wasser mehr da und die Quelle versiegt wäre. Es hat auch niemand den Hahn zugedreht. Weder Gott noch die himmlische Mutter noch Christus tun so etwas, etwa in pädagogischer Absicht. Es ist nicht ihre Art, den Leuten das Wasser abzudrehen.

Aber warum ist es dann weg, warum versiegte es? Warum gibt es Wüstenzeit im Leben, warum erfüllt sich der Wunsch nicht? Nun, dafür sorgen die dunklen Hierarchien, die gefallenen Engel, durch deren Fall die Schöpfung in ihr materielles Dasein gesunken ist. Jesus und die Eremiten gingen in die Wüste, um mit ihnen zu ringen, ihr seid ihnen ungewollt ausgesetzt. Im Paradies fließen Milch und Honig. Dort gäbe es nur Wüste, wenn sich jemand wünschte, dass es sie gibt, weil er dort gerne sein würde.

In der aus dem Paradies gefallenen materiellen Welt aber gibt es die unangenehme Erfahrung, das Wasser scheine versiegt zu sein. Doch dann ist es
a) umgeleitet oder
b) es ist versickert.

a) Das Wasser ist umgeleitet

Knüpfen wir zunächst einmal an unsere gestrige Betrachtung der Trägheit und Dynamik der Materie an, und zwar speziell an die „Zeitgeistwalze", die eine Zeitlang ganze Völker wie eine Lawine mitreißt. Ehe sie nicht zum Stillstand gekommen ist, können die Engel kaum noch fügen, sie können nur warten. Das ist eine dramatische Extremsituation, in der der Einzelne ein Kollektivschicksal teilt.

Im normalen Alltag zivilisierter Lebensverhältnisse können die Engel die Wünsche des Einzelnen aber auch nicht ohne weiteres so fügen, wie sie gerne möchten. In den meisten Fällen können sie das nur tun, wenn andere Menschen mitmachen, wenn z.B. der Unternehmer die erstrebte Position vergibt, die geliebte Frau die Liebe erwidert, die Käufer das Produkt annehmen usw. Die andern Menschen können ihre Freiheit genauso benutzen wie ihr. Sie haben die Freiheit „nein" zu sagen, nicht mitzumachen, nicht zu begreifen, sich nicht zu bewegen, keinen Mut zu zeigen. Sie haben sogar das Recht darauf. Sie haben ihre eigenen Führungsengel mit deren eigenen Geschwindigkeiten. Dagegen ist kein Kraut gewachsen. Ist ein Vorhaben an der Freiheit der anderen gescheitert, heißt es abwarten, neue Chancen suchen, neue fügen, neue Zuversicht an den Tag legen, und dann aufs neue versuchen, ob es vielleicht was wird. Da ist das Wasser nicht versiegt – das scheint nur so –, es ist umgeleitet.

b) Das Wasser ist versickert

Ein anderer Fall ist: Ihr beklagt euch zwar über das Versiegen des Wassers, habt es aber selbst versickern lassen. Ihr habt vom Doppelgänger ein Programm übernommen, das aus dem Boden so eine Art Sandsieb macht, in dem jedes Wasser versickert. Immer kurz bevor es bei euch ankommt, versickert es im Boden.

Das Versickerungsprogramm des Doppelgängers zeigt sich in einer Grundhaltung der Resignation, der Wut oder der untröstlichen Trauer. Es geht nicht darum, dass man mal resigniert oder trauert oder in Zorn gerät, es geht um eine Grundhaltung von Untröstlichkeit, Zweifel, Verbitterung, um Selbstwertmangel, um Selbstwerterosion: Warum hat etwas nicht geklappt? Weil ich es verbockt habe, weil ich es eben nicht kann, weil ich zu dumm bin, zu sehr Frau, zu sehr Mann, zu jung, zu alt, nicht richtig erzogen, wie auch immer. Ihr rechnet es euch selber zu und macht euch dabei immer kleiner. Diese Programme funktionieren wunderbar und machen aus einem Flussbett eine Sandkiste, in der jeder Tropfen versickert.

Es ist höchst unwahrscheinlich, dass ihr eine Absprache mit dem Sonnenengel getroffen habt des Inhalts: Ich will, dass sich ein Leben lang meine Wünsche nicht erfüllen, ich möchte mal den Trip durch die Wüste. Wahrscheinlich ist es so, dass ihr den Einklang mit eurer Lebensabsprache verloren habt, dass der Kontakt mit dem Sonnenengel unterbrochen ist, weil der Doppelgänger immer dazwischengeht. Dann kommt es darauf an, sich gewissermaßen gesund zu schwingen. Wie macht man das? Dazu müssen wir ein wenig ausholen.

1. Im Zeitgeist leben – authentisch bleiben

Keiner von euch ist außerhalb der Zeit. Jeder lebt in Zeitgeistwinden, die wehen und manchmal auch alles platt walzen. Die Frage ist: Ist es mir möglich, mit zu schwingen, mit dem Zeitgeist unterwegs zu sein? Oder sollte ich mich, um authentisch zu bleiben, davon distanzieren?

Zunächst macht euch klar: Ihr habt euch in diese Zeitverhältnisse absichtlich hinein inkarniert. Und ihr habt euch in eurer

Jugend für die Frage interessiert: „Was ist denn nun der Zeitgeist meiner Zeit? Ich bin ja nicht zufällig da reingeplumpst. Ich wollte hier hin, und zwar genau zu diesem Zeitpunkt. Also will ich wissen: Was läuft z.B. politisch und wirtschaftlich in der Welt, vor allem aber in dem Land, in dem ich bin? Was ist die Vergangenheit dieses Landes? Welche Menschen sind hier an der Macht, welche in der Opposition, welche erleben sich als ohnmächtig? Was haben die für Ideen, für Pläne, für Visionen? Welche Feindbilder werden gerade gepflegt und warum? Sind es dieselben wie früher: warum haben sie sich nicht geändert? Sind es andere, wohin haben sie sich geändert? Warum bin ich jetzt gerade hier auf dieser Welt, warum gerade in diesem Umfeld?"

Die Idee, ihr wäret dem Himmel näher, wenn ihr unpolitisch, sozusagen ungeerdet wäret, ist wie die Idee, ein Mensch im Luftballon wäre dem Himmel näher als ein Mensch in seinem Garten. Die Idee ist putzig, aber natürlich nicht stimmig. Ihr inkarniert und guckt euch die ersten 20, 30 Jahre eures Lebens erst mal gründlich um: Wer bin ich, wer sind meine Eltern, wie ist dieses Land, wer regiert es, was fließt hier von wo nach wo, was ist gerade problematisch, welche Erfahrungen tragen, welche Visionen finde ich gut, welche nicht? Kann ich mich in diesen Zeitgeist einfügen? Wo finde ich meinen Platz und wo bestimmt nicht?

Wenn ihr euch darüber Klarheit verschaffen möchtet, haltet Menschen, die älter sind als 60, 70 Jahre, in Ehren. Denn sie haben mehr Überblick, auch wenn sie vielleicht nicht so belesen sind und vielleicht ihr Dorf nie verlassen haben. Aber sie haben mehr Tage und mehr Ideen kommen und gehen sehen, haben länger auf der Welt ausgehalten, mehr erlebt und erlitten als ihr. Sucht solche Menschen auf, lasst sie erzählen, fragt sie zu ihrer Sicht der Gegenwart und der Vergangenheit, und lernt von dem, was sie sagen.

Und noch ein Rat: Im Alter von 15 bis 25 Jahren ist Opposition gegen die Eltern und gegen das Establishment ganz in Ordnung. Da meint ihr: Alle, die die Welt schon beeinflusst haben, haben das schrecklich schlecht gemacht, ihr werdet es endlich mal richtig machen. Macht euch klar: Alle Generationen haben das in diesem Alter gewollt, gedacht, gewünscht, gehofft. Jede Generation hat das ihre getan, und jede ist gescheitert.

Versucht den Zeitgeist möglichst genau kennenzulernen und zu verstehen, und auf dieser Basis mit der Gemeinschaft klar zu kommen.

Das ist die eine Seite, die andere ist: Entscheidet euch dafür, eine maßgeschneiderte individuelle Art des Lebens zu führen. Zieht euch nicht an wie alle, frühstückt nicht wie alle, sondern wie es euch gefällt. Wie ihr euch wohl fühlt, so lebt ihr. Die andern können das natürlich auch machen. Doch die Gemeinschaft darf deswegen nicht zerfallen, also euren Beitrag zur Gemeinschaft habt ihr dennoch zu leisten.

Wenn ihr das beachtet, habt ihr eine Chance, gut mitweben, mitschwingen, mitschwimmen zu können, ohne eure Individualität zu verlieren und ohne einer Massenbewegung anheim zu fallen. In extremen Zeiten kann es auch mal soweit kommen, dass ihr euer Leben für eure Ideale einsetzt. Doch wir wollen nicht weiter in die Betrachtung von Massen und Diktaturen vordringen, denn das ist ein Thema für sich und für euch derzeit nicht aktuell. Für euch geht es darum, dass ihr lernt, mit dem Zeitgeist zu leben und dabei authentisch zu bleiben.

2. Die Gefühle kontrollieren

Also noch einmal: Angenommen ihr habt euch in einen Grundzustand der Resignation versetzen lassen und euch enttäuscht vom Geist der Zeit distanziert. Nun könnt ihr nicht mehr mitschwingen und mitarbeiten. Das Wasser versickert im Boden, ihr steht in der Wüste. Was tun, um das Wasser wieder zum Fließen zu bringen?

Ich hätte da eine Technik anzubieten. Damit könnt ihr zwar die Trägheit der Materie nicht abschaffen , ihre Dynamik nicht vor der Zeit bremsen, die Freiheit der anderen Menschen nicht beschneiden. Aber ihr müßt auch nicht einfach warten, bis die Krise vorbei ist.

Wenn in einem Krankenhaus der Strom ausfällt, dann gibt es ein Notstromaggregat. So etwas habt ihr auch in euch. Ihr habt die Fähigkeit, den Entschluß zu fassen: Von jetzt an bestimme ich über meine Gefühle. Ich tue nicht mehr das, was die linken Hierarchien am liebsten hätten, nämlich resignieren, in Wut, Verbitterung oder Panik verfallen, in Stress geraten, zerbrechen und alles mir selbst zuschreiben. Das sind genau die inneren Befindlichkeiten, die euch jede weitere Handlungsmöglichkeit nehmen. Aus dieser Situation heraus könntet ihr zwar die Zähne zusammen beißen, die Faust in der Tasche ballen, eure Wut einen Moment lang runterschlucken und sagen: jetzt wünsche ich mir, dass das Wasser trotzdem fließt. Diese Art des Wunsches, geschrieben in der Tinte der Farbe dieses Gefühls, versteht der

Rest der Schöpfung nicht, nur der Doppelgänger. Das Lied, das die Schöpfung singt, ist ein anderes.

So passiert das Schlimmste, was euch passieren kann: Ihr werdet einfach nicht wahrgenommen. Das ist schlimmer als die Vorstellung: da ist der wütende Gott, der mich bestrafen will. Da habt ihr wenigstens noch ein Gegenüber. Mit dem könnt ihr streiten. Er ist der Mächtigere, aber ihr könnt hinterher sagen: Ich habe wenigstens gestritten. Nicht wahrgenommen zu werden ist viel gravierender. Wenn ihr aus dieser inneren Verfassung heraus wünscht, dann hört euch niemand. Die Schöpfung versteht euch nicht, euer Wunsch kommt nirgendwo an. Ihr sprecht in einer Sprache, die nur von den Hierarchien zur Linken verstanden wird.

Und die freuen sich mächtig: „Was hat er sich gewünscht? Na klasse, dann wissen wir ja, was er will. Dann können wir alles tun, um das zu vereiteln, es ihm zwar in die Hand zu geben, aber nicht richtig. Nicht Brot, sondern Steine, die wie Brot aussehen." Dann habt ihr nur eine Scheinwunscherfüllung und merkt ganz schnell: Das war ja nicht, was ich wollte. So war mein Wunsch nicht gemeint. Glücklich seid ihr damit nicht. Dann rechnet ihr das dem Himmel zu und sagt: „Das ist aber ein doofer Verein. Da wünscht man sich was, dann wartet man 10 Jahre, dann wird es erfüllt, und dann so was. Ne danke!"

Das ist nicht fair. Denn es ist doch so: ihr seid in diesen von den linken Hierarchien ausströmenden Gefühlsschlamm geraten. Eine dieser Schlammarten habt ihr übernommen. Ihr kennt doch, damit es schön drastisch wird, das Märchen, wo eine Hexe den Mund aufmacht, und aus ihrem Mund kommen keine goldenen Worte, sondern Schlangen und Kröten. Das ist das Lied der dunklen Hierarchien. Sie wollen, dass ihr es singt. Ihr singt es immer dann, wenn ihr aus den entsprechenden Gefühlen heraus wünscht. Verbittert, bösartig: "ich will es allen heimzahlen, ich schlage um mich, will alle Gemeinschaft weit weg von mir, weil man niemandem mehr trauen kann, ich habe den Zweifel zum Prinzip gemacht, ich bin in die Verzweiflung gerutscht". Diese Gefühle solltet ihr nicht praktizieren.

Und nun ist die Frage „wer wen" wichtig. Vielleicht meint ihr, Gefühle sind originär, sind sozusagen vor euch da, wie auch immer die das gemacht haben. Sie geben euch eine gewisse Authentizität, ihr seid nun mal so, wie ihr seid durch das Gefühl, das euch ausmacht, das euch bestimmt, dass ihr weder beeinflußt habt noch ändern könnt. Also sind es die Gefühle, die euch ausmachen, die euch bestimmen?

Wenn ihr das meinen solltet, habt ihr jetzt ein Problem. Dann bleibt es bei der Wüste, und dann triumphieren die linken Hierarchien. Die werden euch eure Wünsche schön bunt und farbig erscheinen lassen und euch die Illusion von Lebendigkeit einzuflößen versuchen – wie mit Jesus bei den „Versuchungen in der Wüste". Wenn ihr darauf hereinfallt, habt ihr hinterher eine Enttäuschung nach der anderen.

Nein! Ihr habt da zu stehen, Verantwortung zu übernehmen, von der himmlischen Mutter Kraft zu fordern: „Ich bin nicht ein kleines graues Wesen, das irgendwie gefärbt wird. Ich bin der Maler mit dem Pinsel in der Hand. Ich bestimme, welche Farbe ich trage und wie meine innere Befindlichkeit aussieht."

Schreibt mal auf eine Liste untereinander alle Gefühle, alle inneren Zustände, alle Befindlichkeiten auf, die ihr für licht haltet. Also dazu gehören z.B. Freude, Heiterkeit, Frohsinn, Geliebtsein, Wohlbefinden, Zuversicht. Hoffnung, Vertrauen, Geduld, Harmonie, Wohlwollen, Güte, Dankbarkeit, Gelassenheit, Mitgefühl, Liebe, Anerkennung, Leichtigkeit, Humor, Lächeln,

Anmut, Treue, Frieden. Also ihr schlagt einen Bogen von Freude bis Frieden: ich bin in innerer Freude und bringe deswegen Frieden. Denn um tun zu können, was Frieden stiftet, solltet ihr immer ein Gemüt haben, das freudig weiß: Ich bin in Gemeinschaft mit allem, in Frieden und Freude.

Zum Friedenstiften gehört auch mal Strenge, zur Ordnung berufen, aufräumen, planen, Grenzen setzen, „nein" sagen. Nur wenn ihr „nein" sagen könnt, wirkt es auch, wenn ihr „ja" sagt. Frieden und Freude: das ist der Zustand, den ihr im Kopf, im Gemüt, im Herzen haben solltet.

Notiert also alle lichten Gefühle zwischen Friede und Freude auf einer Liste, und zwar gut lesbar, und hängt sie gut sichtbar dort auf, wo ihr, wenn ihr aufwacht, als erstes hinschaut. Seht zu, dass ihr den Tag in einem Gefühl beginnt, das zu dieser Gruppe gehört.

3. Den Ärger begrenzen

Nun ist das leicht gesagt und schwer getan. Ihr werdet euch trotzdem ärgern. Ihr seht die Nachrichten, und schon seid ihr wieder am Zetern und Schimpfen: „Das geht doch nicht, so viel hat der, und die da haben gar nichts." Euer Mitarbeiter hat irgend einen Fehler gemacht. Ihr habt mit euren Kindern, Nachbarn, Eltern, Schwiegermüttern, Vätern zu tun. Vielleicht auch mit euch selbst, mit eurem Aussehen oder dem schmerzenden Rücken, und schon ist Schluss mit den lichten Gefühlen. Ihr meckert, ihr ärgert euch. Das hat weder mit Frieden noch mit Freude zu tun. Was macht ihr jetzt?

Ich hätte einen Rat. Er ist einfach, aber sehr wirksam. Gewöhnt euch an, eine Sportuhr am Handgelenk zu tragen, die man auf eine Minute, zwei Minuten einstellen kann, und dann summt sie. Macht euch bewusst: „Ich ärgere mich gerade." Stellt die Uhr ein und erlaubt euch 1 – 2 Minuten Ärger. Dann ärgert euch aber richtig. Aber nach 2 Minuten, wenn die Uhr ihr akustisches Signal verlauten läßt, ist der Ärger beendet. – Am Anfang gestattet euch großzügig 30 Minuten Ärger am Tag. Nach einiger Zeit setzt die Gesamtzeit etwas kürzer an, z.B. auf 20, dann 15, dann 10, schließlich 5 Minuten am Tag. Wenn ihr nichts aus diesem Kurs mitnehmt außer dieser einen Übung, dann habt ihr schon den größten Gewinn, den ihr euch vorstellen könnt.

Denn jedes nicht-lichte Gefühl kommt von nicht-lichten Hierarchien. Jedes dieser Gefühle ist eine Waffe, die ihr gegen die Dinge richtet, z.B. gegen den Tisch, auf den ihr den Teller knallt. Dabei kann der Tisch nichts dafür und der Teller auch nicht. Gegen die

Hosen, die ihr anzieht und dabei hin und her reißt, weil sie mal wieder zu eng sind. Oft kommen auch andere Menschen in eure Reichweite oder Tiere oder Pflanzen, die kriegen das auch ab.

Diese Waffe wendet sich aber auch gegen euch selbst. Jedes nicht-lichte Gefühl schwächt euch, kränkt euch, verletzt euch, fügt Wunden zu. Zwar sind die Gefühle unterschiedlich. Die einen verbrennen euch, die andern vergiften euch, die nächsten ertränken euch innerlich, die nächsten trocknen euch aus, wieder andere blähen euch auf. Die Gefühle sind so unterschiedlich wie verschiedene Krankheitserreger, aber sie schaden alle eurer Umwelt und euch selbst.

Ihr wisst, dass die linken Hierarchien kein Licht aus sich selbst erzeugen können. Sie können es nur abzapfen. Diese Art von Gefühlen nimmt euch, was ihr habt. Sie macht euch arm. Nun könnt ihr in der Welt manchmal den Eindruck gewinnen: das sieht aber ganz anders aus. Da sind lauter Leute ohne Skrupel, ohne Gewissen, ohne Mitgefühl, ohne Mitleid. Anderen hingegen geht es bestens. Die genießen das Leben, kriegen jedes Jahr ein paar Millionen dazu, haben Häuser und Jachten und alles mögliche. Aber habt ihr schon mal abends bei einem solchen Menschen auf der Bettkante gesessen, wenn er alleine war und das Schlafmittel nicht mehr wirkte? Und wenn eine Beziehung nach der anderen sich als hohle Geschichte erwies? Wart ihr bei solchen Menschen mal dabei, als sie starben? Oder als sie wirklich Freunde, Liebe, Zuwendung brauchten, eine Gemeinschaft, die sie trägt?

Wenn ihr das miterlebt habt, dann hört ihr solche Geschichten nicht mehr mit Neid, sondern mit Besorgnis und Mitgefühl. Wenn ihr so was lest oder im Fernsehen seht, lasst euch nicht mehr in Neid oder Missgunst oder Verzweiflung einlullen von den linken Hierarchien. Sondern stellt euch vor: „Ich möchte da sein, wenn er oder sie jemanden braucht. Und der Moment wird kommen, spätestens im Jenseits, das nehm ich mir vor."

Die Sportuhr am Handgelenk solltet ihr ab jetzt als ein geradezu lebenswichtiges Utensil ansehen und die Ärgerzeit auf höchstens 30, dann 20, 15, 10, 5 Minuten Gesamtzeit innerhalb eines Tages zurückführen. Darüber führt bitte Buch. Oder ihr habt einen Partner an der Seite, der sagt: jetzt sind zwei Minuten vorbei, und der Buch führt für euch.

Manche führen ja Buch über die Kalorien ihres Essens. Das nützt aber nichts, wenn ihr esst und dabei wütend seid: „Schon wieder dieser blöde Salat, nur weil er gesund ist. Ich finde jedes Blatt eine Zumutung." Was ihr dann esst, ist richtig giftig. Also bestellt lieber Käsknöpfle oder Pommes frites. Ganz im Ernst: ihr könnt das doch abwechseln. Ab und zu esst ihr mal was Gesundes und versucht, nicht ganz so mürrisch zu sein. Und ab und zu esst ihr mal so richtig Eis mit viel Schlagsahne. (So, jetzt habe ich mal was für die Gastronomie getan.) Ihr werdet sehen, dass euch das nicht wesentlich schaden wird.

Im Gegenteil, es kann euch unter Umständen in ein lichtes Gefühl versetzen. Und wenn es das kann, dann ist es gut. Ihr braucht ja nicht den großen Becher zu essen, vielleicht reicht der kleine, oder ihr teilt den großen mit jemandem und freut euch daran, dass der auch so ein fröhliches Gesicht kriegt. Und dann sagt dem Küchenchef: „Den haben Sie toll gemacht." Dann freut der sich auch. So habt ihr eine Menge lichter Gefühle herbeigeführt.

Wenn ihr in der Wüste seid, wenn Krise ist, wenn es Dürre wird, haltet eine richtige Ärgerdiät. Beschränkt Ärgerzeiten grundsätzlich auf nur noch 5 Minuten täglich. Stellt euch vor: Jede Minute Ärger bedeutet ein Jahr gesundes Leben weniger. Auch wenn das etwas übertrieben ist, eure Ärgerei habt ihr im Alter zu bezahlen: mit Krankheiten und mit Lebenszeit. Sagt euch: „Alles, bloß keine dunklen Gefühle, weil das zu gefährlich ist." Geht nicht so achtlos mit dunklen Gefühlen um. Nehmt nicht an, das sei normal, da sei die Welt dran schuld, die Politik, der Zeitgeist oder die Tante. Nein, wie viel ihr zulasst ist eure Sache, ganz gleich wie es euch geht. Diese Gefühle machen euch krank, sie machen euch arm, sie entziehen euch euer inneres Vermögen.

Wenn das innere Vermögen nicht da ist, dann fehlt auch das äußere, dann kann es sich auch nicht einstellen, eure Wünsche können sich nicht erfüllen. Wenn ihr gerade in der Krisenzeit seid und das Wasser fließt nicht, dann liegt es an der Freiheit der anderen, an Dynamik und Trägheit der Materie und eben auch an euren Prägungen, wie z.B.: „Mir gelingt sowieso nie was, ich bin immer als Letzter dran" oder dergleichen. Dann hilft nur zweierlei: erstens die Ärgerdiät, zweitens die aktive Produktion lichter Gefühle.

Also macht euch eine Liste dieser lichten Gefühle. Nachdem ihr euch eine begrenzte Zeit geärgert habt, guckt euch die Liste an und sucht euch etwas Passendes wie aus einer Speisekarte aus. Z.B. sagt ihr: „Jauchzen vor Freude fällt mir schwer, lachen macht eine komische Grimasse, also ich versuch jetzt mal zu hoffen. Hoffnung ist stärker als Zorn, Ärger, Trauer, Depression oder was immer, also das versuch ich jetzt mal."

Nehmt zu den lichten Begriffen noch die passende Farbe hinzu, bei Hoffnung z.B. grün. Unterstützt das lichte Gefühl im Äußeren, indem ihr z.B. entscheidet: „Ich ziehe was Grünes an, oder ich gehe in einen grünen Park, oder ich lege ein grünes Tischtuch auf, oder ich esse Spinat, oder ich male mit einem grünen Stift, oder ich schreibe meine Briefe in grün." So sorgt ihr für lichte Gefühle, damit für inneren Reichtum, damit für eure Gesundheit. Ihr werdet sehen, dann fließt das Wasser wieder, ihr habt die Zeit in der Wüste bestmöglich überstanden.

4. Gefühle ausströmen

Dann geht es jetzt noch einen Schritt weiter. Gott wünschte – und er schuf, sein Wunsch wurde Realität. Nun könnt ihr nicht wie Gott sagen: „Es werde Licht", und es wird in der Außenwelt licht. Aber ihr könnt mit einem Lächeln zum himmlischen Vater sagen: „Ich möchte mich wenigstens ein bisschen so fühlen wie Du." Ihr könnt ihm nachempfinden und versuchen, euch göttlich zu fühlen. Das ist möglich und etwas, das ihr anstreben solltet. Damit könnt ihr noch lange nicht, was er kann. Aber ihr könnt das lichte Gefühl, für das ihr euch entschieden habt, nach außen ausströmen.

Ihr sagt z.B. nicht nur: „Ich werde jetzt Hoffnung empfinden", sondern: „Von mir sollen Ströme der Hoffnung ausgehen". Da werden Ströme lebendigen Wassers von euch ausfließen. Das merkt man dann an eurer Körperhaltung, an eurer Bewegung, an Mimik und Gestik, an eurem Blick, an eurem Lächeln, an euren Kommentaren, an eurem Für–wünschen und Zusprechen, also an dem, was ihr der Welt schenkt.

Erinnert euch jetzt mal an euren Herzenswunsch – den Arbeitsplatz, den Partner, so und so viel Geld, was auch immer. Welches Gefühl wäre erreicht, wenn der Wunsch sich erfüllte? Freude, Freiheit, Leichtigkeit, Zuversicht, Gewissheit, Stolz, Größe, Bedeutsamkeit wie ein guter König? Seht mal davon ab, ob die Erfüllung des Wunsches jetzt schon absehbar ist oder nicht. In der Außenwelt wird das ein bisschen brauchen, aber ihr wisst schon jetzt eines: ihr wünscht euch das, weil ihr in diesem Gefühl leben wollt, und damit in Frieden und Freude in der Gemeinschaft mit diesem Gefühl.

Und jetzt kommt der Königsgriff dazu. Dieses Gefühl samt seiner Farbe versucht ihr in eurem Innern Realität werden zu lassen. Ihr erbittet es z.B. von der Mutter und wisst: „Es ist ja da, ich brauche es nur in mir aufzufinden, in mir zu hegen und zu pflegen, es in mir lebendig werden zu lassen. In diesem inneren Gefühl möchte ich schreiten, die Hand reichen, blicken, fragen, antworten, lächeln, entscheiden, mit anderen umgehen. Aus jeder Pore meiner Haut soll dieses Gefühl herauskommen, jede Zelle meines Körpers sollte dieses Lied singen, z.B.: „Ich bin zwar noch nicht in Freude und Frieden mit allen, aber in Hoffnung oder in Zuversicht oder in Geduld oder in Leichtigkeit oder in Freiheit oder in Anmut", was auch immer.

Könntet ihr noch einmal in diese Wüste gehen, den Spuren folgen und den Ort finden, wo ihr Christus begegnet seid? Das ist keine konfessionelle Frage, sonder eine Frage der inneren Sicht. Macht bitte noch einmal folgende

ÜBUNG:

Atmet noch einmal gründlich ein und aus in der Sandfarbe der Wüste. Seid noch einmal in dieser unschönen, unangenehmen, unwirtlichen Einöde. Seht noch einmal die Spuren. Vielleicht lächelt ihr schon, weil ihr wisst, von wem sie stammen und wem ihr gleich begegnen werdet. Und dann werdet ihr Christus finden, der sagt: „na, bist du auch da!" Vielleicht hat er ein bisschen Wasser und Brot und ein liebes Wort für euch: „Komm, setz dich zu mir, lass und gemeinsam warten. Wir lassen uns gemeinsam nicht in Versuchung führen." Dann ist es an euch zu sagen: „Weißt du, wenn denn der Wasserfall im Moment nicht fließt, ich weiß trotzdem, wie wir hier zu Wasser kommen. Lass mich machen, ich zeig dir wie das geht." Dann steht ihr auf und dreht euch so rum, dass er in eurem Rücken sitzt. Er guckt euch zu, lasst euch davon nicht irritieren.

Stellt euch hin und lasst die Hände mit den Handflächen nach vorne einfach hängen. Steht bequem, aber fest. Denkt noch einmal an euren Herzenswunsch, an das Gefühl, das ihr mit der Erfüllung dieses Wunsches erreichen werdet, und an die Farbe, die dieses Gefühl für euch hat. Und dann macht euch klar: Dieses Gefühl, diese Befindlichkeit, diese Kraft ist in mir. Es liegt an mir, aus der Vielfalt und Fülle dessen, was in mir vorhanden ist, jetzt genau dieses Gefühl in den Vordergrund zu bringen.

Atmet die Farbe als Licht ein und aus. Ihr spürt vielleicht auch so vom Sonnengeflecht ausgehend diese Farbe, dieses Gefühl in euch. Versucht wenigstens so zu schauen wie jemand, der in diesem Gefühl zuhause ist. Sagt euch: Wenn ich jetzt die Augen aufmachte, vor mir stünde eine Kamera, und die würde meinen Blick auffangen, dann stünde mit großen Buchstaben darin: „Heiterkeit" oder „Freiheit" oder „Dankbarkeit" oder was auch immer euer Gefühl sein mag.

Befehlt euren Zellen: „Singt dieses Wort, nicht flüstern, laut singen, noch lauter singen, sodass wenigstens mein Nachbar es hört." Schaut noch mal genau nach und ermuntert jede einzelne Zelle: „Sing dieses Lied: Ich bin in Gemeinschaft mit allem in diesem Gefühl."

Während ihr weiter einatmet und euch damit erfüllt und die Zellen alle einstimmen – und das breitet sich auch vom Sonnengeflecht her aus –, merkt ihr wahrscheinlich, dass sich die Hände ein wenig anders anfühlen als vorher. Ihr spürt, dass aus euren Handflächen über die Fingerspitzen Wasser abtropft, dass nach und nach Ströme lebendigen Wassers in der Farbe dieser Kraft von euch ausgehen. Seid stolz auf euch, freut euch, dass das funktioniert, steht da und richtet den Blick auf den Ort, wo der Wasserfall einst floss. Da kommen jetzt die ersten Rinnsale an. Ein bisschen mehr von diesem Lichtwasser kommt an, noch ein bisschen und noch ein bisschen, bis ihr in die Luft springen und sagen könnt: „Ja ich habe es geschafft, es fließt wieder." Dann könnt ihr auch andere herbeirufen: „Kommt her, stellt euch unter den Wasserfall. Schaut, ich lasse es regnen!"

Was macht Christus hinter euch? Nun, der hat Erfahrung damit, wie Ströme lebendigen Wassers fließen. Das hat er die Jünger gelehrt, das hat er selber vorgelebt. Dieser Meister schlechthin steht hinter euch. Vielleicht spürt ihr, dass er stolz auf euch ist und lächelt. Dann hört ihr ihn sagen: *Der Vater und du und ich, wir sind eins.* "

Mit dieser Formel habt ihr ein veritables Handwerkszeug in der Hand und ein bisschen davon verstanden, wie das funktioniert mit dem Wünschen. – Jetzt liegt es am praktizieren. Ihr kommt nicht drum rum, es geht nicht anders. Ihr solltet es tun, und zwar am besten jeden Tag.

Das erste ist, ihr kauft eine Ärgeruhr, die ist lebenswichtig. Dann macht die Übungen mit den Wünschen, dem Für-wünschen und dem Wasserfall, unter dem ihr steht und unter den ihr andere stellen könnt, indem ihr die Hände hebt und sagt: Komm, ich lass es regnen.

Dann kann es trotzdem noch dauern, bis der eine oder andere Wunsch wahr wird. Aber ihr werdet feststellen, dass das Arbeiten mit diesem Wünschen und dem Fließenlassen des lebendigen Wassers mindestens so erfüllend ist wie die Verwirklichung eures Wunsches. Und am Schluss wird es wahrscheinlich beides geben. Dann könnt ihr erfreut nach oben sagen: „Die Erfüllung des Wunsches im Äußeren hätte es eigentlich gar nicht mehr gebraucht, aber trotzdem: danke". -

Ich wünsche euch, dass ihr euch von wütenden und grummelnden Wesen der linken Hierarchien nicht von dieser Arbeit abbringen lasst. Sie werden versuchen, euch zum Zweifeln und zum Scheitern zu bringen. Aber wenn ihr nicht nachlaßt, werden sie keinen Erfolg haben. Ich wünsche euch von Herzen im Namen der ganzen Trinität gute

Erfahrung mit der Praxis. Und damit danke ich herzlich und verabschiede mich.

Wir danken auch.

Glossar

Doppelgänger: Jeder Mensch wird an seiner linken Seite von einem dunklen Wesen begleitet, das ständig versucht, ihn zu verführen und zu verwirren, s. Wie im Himmel so auf Erden Bd. I S. 269 – 275, Bd. II S. 252 – 256; Die Engel weisen Wege zur Heilung S. 33 – 37.

Fall der Engel: Ein Teil der Engel löste sich aus der paradiesischen Einheit mit Gott und trat in Opposition. Seither befindet sich die Welt in einem Prozeß des Ringens zwischen Licht und Dunkel, Gut und Böse, s. Die Engel geben Antwort auf Fragen nach dem Sinn des Lebens S. 33 – 36.

Führungsengel: Der Mensch wird nicht nur von einem Schutzengel begleitet, sondern auch von einem Engel, der ihm vorangeht, um Begegnungen zu fügen und die Ereignisse herbeizuführen, die seiner Lebensabsprache gemäß sind, s. Wie im Himmel so auf Erden Bd. I S. 53-57.

Hierarchien zur Linken: Im Credo heißt es: Christus „sitzt zur Rechten Gottes". Daran anknüpfend heißt „zur Linken" die Welt der gefallenen Engel, s. Wie im Himmel so auf Erden Bd. I S. 231 – 239, 255 – 257, Bd. III S. 270 – 276.

Lebensabsprache: Wenn eine menschliche Seele sich zur Inkarnation entschließt, bespricht ihr Sonnenengel die Umrisse ihres Erdenlebens mit ihr, insbesondere die Frage, was sie vor allem lernen und vom Himmel auf die Erde bringen will. Daran orientiert sich der Führungsengel. Wenn sich der Mensch zu weit von seiner Lebensabsprache entfernt, kann das sehr schädliche Folgen haben, s. Die Engel geben Antwort auf Fragen nach dem Sinn des Lebens S. 74 – 76; Die Engel weisen Wege zur Heilung S. 29 – 33.

Schutzengel: Jeder Mensch wird von einem Engel begleitet, der ständig bemüht ist, ihn vor den Einflüssen des Doppelgängers zu bewahren, ihn vor Gefahren zu warnen und ihn zu kräftigen. Er kann nur wirken, so weit sich der Mensch von ihm inspirieren läßt, s. Wie im Himmel so auf Erden Bd. I S. 45 – 52, Bd. II S. 195 – 197.

Sonnenengel: Jede menschliche Seele hat ihre Heimat bei einem Sonnenengel. Er begleitet sie von ihrer Schöpfung bis zur endgültigen Heimkehr zum Vater und kennt alle ihre Erfahrungen und Zusammenhänge, s. Wie im Himmel so auf Erden Bd. I S. 70 – 78, Bd. III S. 257 – 261.

Was ist schön?

ETAN BORITZER

40 SEITEN MIT 16 GANZSEITIGEN
BILDERN VON NANCY FORREST,
7,95 €

„...DIESES BUCH BIETET ELTERN UND
LEHRERN EINEN ANSATZ, KINDERN DABEI
ZU HELFEN, DIE ÜBELSTEN ASPEKTE UNSERER AUF DEN ÄUSSEREN
SCHEIN GEGRÜNDETEN KULTUR ZU KRITISIEREN, UND DIENT ALS GE-
SUNDES GEGENGIFT."
DR.PHIL. JOAN JACOBS BRUMBERG, CORNELL UNIVERSITY, N.Y.

„WAS IST SCHÖN? VON ETAN BORITZER BIETET ALTERNATIVEN ZUM UN-
GESUNDEN STREBEN NACH ÄUSSERER PERFEKTION, UND OFFERIERT
ERZIEHERN EINEN ANSATZ, KINDERN DABEI ZU HELFEN DEN WERT

Was ist Gott?

ETAN BORITZER

40 SEITEN MIT 16 GANZSEITIGEN
BILDERN VON ROBBIE MARANTZ,
7,95 €

„...EIN ERFREULICH ÖKUMENISCHES BUCH,
WELCHES FRAGEN GERADEHERAUS BEANT-
WORTET UND MIT EINFACHEN WORTEN ÄHNLICHKEITEN DER WELTRE-
LIGIONEN BETONT."
THE WASHINGTON POST

"DAS KINDERBUCH ‚WAS IST GOTT?', DAS ICH ZUR GEBURT MEINES
SOHNES GESCHENKT BEKAM, ERÖFFNET MEINES ERACHTENS EINE
NEUE WELT. ES ZEIGT UNSEREN KINDERN, DASS ES VIELE RELIGIONEN
GIBT, DIE SICH ABER IM GRUNDE ALLE ÄHNELN. ICH KANN ES ELTERN
WIE GROSSELTERN HERZLICH EMPFEHLEN."
CLAUDIA SCHIFFER IN BUNTE

Bestellung bei:

FRANZISKUS / Verlag und Versandbuchhandlung / Franz Wolfschmitt
Tiefenweg 2 / D-97640 Stockheim v. d. Rhön
Tel.: 0049 9776 70 45 49 / email: bestellung@franziskus-verlag.de

Was ist Liebe?

ETAN BORITZER

40 SEITEN MIT 16 GANZSEITIGEN
BILDERN VON ROBBIE MARANTZ,
7,95 €

„WAS IST LIEBE?" ERMÖGLICHT KINDERN ZU
ENTDECKEN, DASS ALLE MENSCHEN VIELE
DER SELBEN GRUNDLEGENDEN BEDÜRFNISSE UND SORGEN MITEIN-
ANDER TEILEN – BESONDERS DAS VERLANGEN NACH LIEBE.
DIESES BUCH KOMMUNIZIERT DIE BOTSCHAFT, DASS MULTI-KULTURA-
LISMUS UND VIELSEITIGKEIT GEEIGNETE MITTEL SIND, MIT DENEN ZIELE
WIE VERSTÄNDNIS UND TOLERANZ ERREICHT WERDEN KÖNNEN.
ES IST EINE ERNSTE, JEDOCH SPIELERISCHE AUFFORDERUNG, EINES
DER ZARTESTEN GEFÜHLE DES LEBENS ZU WÜRDIGEN, MIT WELCHEM
KINDER DIE GANZE MENSCHLICHE ERFAHRUNG VON BRÜDERLICHKEIT
UND AUFRICHTIGER ANTEILNAHME REFLEKTIEREN KÖNNEN.

Was ist Träumen?

ETAN BORITZER

40 SEITEN MIT 16 GANZSEITIGEN
BILDERN VON JEFF VERNON,
8,80 €

ALLE KINDER TRÄUMEN. MANCHMAL SIND
TRÄUME MYSTERIÖS UND VERÄNGSTIGEND.
IN DER AUSEINANDERSETZUNG MIT TÄGLICHEN PROBLEMEN KÖNNEN
UNS TRÄUME ABER AUCH ANREGUNGEN UND HINWEISE GEBEN.
WAS IST TRÄUMEN? TRÄGT ZUR ERÖFFNUNG DES GESPRÄCHS MIT KIN-
DERN ÜBER DAS TRÄUMEN BEI. DAS BUCH HILFT, GEMEINSAM ÜBER DIE
ANGST VORM TRÄUMEN EBENSO ZU REDEN, WIE ÜBER DIE BEDEUTUNG
VON TRÄUMEN, DIE SICH VIELLEICHT ERFÜLLEN KÖNNEN.
ELTERN, ERZIEHER UND ALLE, DIE SICH BERUFLICH MIT KINDERN BE-
SCHÄFTIGEN, STEHT MIT WAS IST TRÄUMEN? EIN WERTVOLLES HILFS-
MITTEL ZUR HAND.

Bestellung bei:

**FRANZISKUS / Verlag und Versandbuchhandlung / Franz Wolfschmitt
Tiefenweg 2 / D-97640 Stockheim v. d. Rhön
Tel.: 0049 9776 70 45 49 / email: bestellung@franziskus-verlag.de**